種籽文化

種籽文化

精進：從平凡到卓越的簡單道理

沈東云 著

要為解決問題去找方法，不要為逃避問題找藉口。

當風浪來了，我們一定要站在浪頭上，才能夠乘風破浪；
你不能躲在船艙或者是跳入水裡，這是很簡單的道理。
想要跳脫問題的方法只有一種，那就是解決它。
因為，你無法解決一個你不去解決的問題，不是嗎？

目錄

2月

3月

5月 上帝是公平的，給誰的都不會太多 115

6月

有什麼樣的目標，就有什麼樣的人生 133

7月

8月

9月

10月 要想得到別人的賞識，就要先做一顆珍珠 213

前言

一個屢屢失意的年輕人來到普濟寺，慕名尋找到老僧釋圓師父，沮喪地對他說：「人生總是不如意，活著也是苟且偷生，有什麼意義呢？」

釋圓師父靜靜聽著年輕人的嘆息，後來吩咐小和尚說：「施主遠道而來，去燒壺溫水吧。」

不一會兒，小和尚送來了溫水。釋圓師父抓了茶葉放進杯子，用溫水沖沏，茶葉靜靜地浮著。年輕人不解地詢問：「大師怎麼用溫水泡茶？」釋圓師父笑而不語。年輕人喝一口細品，不由搖搖頭：「一點茶香都沒有。」釋圓師父說：「這可是名茶鐵觀音啊。」

釋圓師父又吩咐小和尚：「再去燒壺沸水。」過了一會兒，小和尚提著一壺沸水進來。釋圓師父又取過一個杯子，放茶葉，倒沸水。茶葉在杯子裏上下沈浮，絲絲清香不絕如縷。釋圓師父又提起水壺注入一線沸水，茶葉翻騰得更厲害了，一縷更醇厚更醉人的茶香急速升騰。釋圓師父就這樣注了五次水，杯子終於滿了，那綠綠的茶水，清香撲鼻，入口沁人心脾。

釋圓師父笑著問：「施主可知道，同是鐵觀音，為什麼茶味迴異嗎？」年輕人思忖著說：「沖沏的水不同。」

釋圓師父點頭：「用水不同，則茶葉的沈浮就不一樣。溫水沏茶，茶葉輕浮水上，怎會散發清香？沸水沏茶，反覆幾次，茶葉沈沈浮浮，終釋放出四季的風韻：既有春的幽靜、夏的熾熱，又有秋的豐盈和冬的清冽。世間芸芸眾生，又何嘗不是沈浮的茶葉呢？那些不經風雨的人，就像溫水沏的茶葉，只在生活表面漂浮，根本浸泡不出生命的芳香；而那些歷經風雨的人，如被沸水沖沏的釅茶，在滄桑歲月裏幾度沈浮，才會有那沁人的清香啊。」

想讓一杯茶清香怡人，茶葉就必須要經得起沸水的反覆沖泡，否則就不可能散發出茶香。人生也如茶，只有歷經風雨的考驗，才會變得有滋味。

人生最重要的，並不是擁有多少物質財富，而是擁有多少精神財富。一個哲理，就是人生中的能量。人生儲存了多少哲理，就是儲存了多少精神財富。在某種意義上，精神財富是創造物質財富的泉源。而且，這些精神財富永遠不會失去，它們能真正使一個人從平庸變得傑出，從平凡變得卓越。

愛尼．維賽爾說：「上帝造人，因為他愛看愛聽故事。我們也愛看愛聽故事，因為故事中蘊涵著做人做事的哲理。」

讀一個故事，想真正領悟其中的哲理，至少要讀三遍：第一遍，要知情節，這一遍通常很容易；第二遍，要知道道理，這一遍通常需要幾秒鐘甚至幾分鐘來思考，明白故事中所蘊涵的道理；第三遍，要知運用，這是最關鍵的一步，要用這個哲理來解釋人生中的若干問題，使自己辨是非、明事理，做自己真正的主人。

本書中所珍藏的哲理故事，情節生動、道理通俗易懂，無論是放在案頭，還是放在枕邊，都能開卷有益。

親愛的讀者，請相信我的初衷，我向您保證：我願意與您共同分享每一個故事所帶給我們的哲理。我真誠地希望：這些哲理您已牢記在心。當您覺得沒有必要再看本書時，就是我最大的欣慰。因為，您已洞察人生。

在人生的道路上，
要懂得轉彎

充分利用生命去創造，才會獲得一百分

有一天，上帝創造了三個人。

他問第一個人：「到了人世間你準備怎樣度過自己的一生？」第一個人想了想，回答說：「我要充分利用生命去創造。」

上帝又問第二個人：「到了人世間，你準備怎樣度過你的一生？」第二個人想了想，回答說：「我要充分利用生命去享受。」

上帝又問第三個人：「到了人世間，你準備怎樣度過你的一生？」第三個人想了想，回答說：「我既要創造人生又要享受人生。」

上帝給第一個人打了五十分，給第二個人打了五十分，給第三個人打了一百分，他認為第三個人才是最完美的人，他甚至決定多生產一些「第三個」這樣的人。

第一個人來到人世間，表現出了不平常的奉獻感和拯救感。他為許許多多的人做出了許許多多的貢獻。對自己幫助過的人，他從無所求。他為真理而奮鬥，屢遭誤解也毫無怨言。慢慢地，

他成了德高望重的人，他的善行被人廣為傳頌，他的名字被人們默默敬仰。他離開人間，所有人都依依不捨，人們從四面八方趕來為他送行。直至若干年後，他還一直被人們深深懷念著。

第二個人來到人世間，表現出了不平常的佔有慾和破壞慾。為了達到目的他不擇手段，甚至無惡不做。慢慢地，他擁有了無數的財富，生活奢華，一擲千金，妻妾成群。後來，他因為做惡太多而得到了應有的懲罰。正義之劍把他驅逐人間的時候，他得到的是鄙視和唾罵。若干年後，他還一直被人們深深痛恨著。

第三個人來到人世間，沒有任何不平常的表現。他建立了自己的家庭，過著忙碌而充實的生活。若干年後，沒有人記得他的存在。

人類為第一個人打了一百分，為第二個人打了零分，為第三個人打了五十分。這個分數，才是他們的最終得分。

簡單道理

世上可以分為三種人：好人、惡人、平常人。想做哪種人並不是由上帝來決定，而是由自己來決定。要想使自己的人生獲得一百分，就要做個「充分利用生命去創造」的人。

給生命列一張清單，照著清單上的去做

病房裏同時住進來了兩位病人，都是鼻子不舒服。在等待化驗結果期間，甲說，如果是癌症，立即去旅行，並首先要去拉薩。乙也同樣如此表示。結果出來了，甲得的是鼻癌，乙長的是鼻息肉。

甲列了一張告別人生的計畫表離開了醫院，乙住了下來。甲的計畫表是：去一趟拉薩和敦煌；從攀枝花坐船一直到長江口；到海南的三亞以椰子樹為背景拍了一張照片；在哈爾濱過了一個冬天；從大連坐船到廣西的北海；登上天安門；讀完莎士比亞的所有作品；力爭聽一次瞎子阿炳原版的《二泉映月》；寫一本書。凡此種種，共二十七條。

他在這張生命的清單後面這麼寫道：「我的一生有很多夢想，有的實現了，有的由於種種原因沒有實現。現在上帝給我的時間不多了，為了不遺憾地離開這個世界，我打算用生命的最後幾年去實現還剩下的這二十七個夢。」

當年，甲就辭掉了公司的職務，去了拉薩和敦煌。第二年，又以驚人的毅力和韌性通過了成

人考試。這期間，他登上過天安門，去了內蒙古大草原，還在一戶牧民家裏住了一個星期。現在這位朋友正在實現他出一本書的宿願。

有一天，乙在報上看到甲寫的一篇文章，打電話去問甲的病。甲說，我真的無法想像，要不是這場病，我的生命該是多麼的糟糕。是它提醒了我，去做自己想做的事，去實現自己想去實現的夢想。現在我才體會到什麼是真正的生命和人生。你應該生活的不錯吧？乙沒有回答。因為他在醫院時說的去拉薩和敦煌的事，早已因為患的不是癌症而放到腦後去了。

簡單道理

每個人的生命都有一張清單，大多數之所以沒有列出一張生命的清單，去做自己想做的事，是因為認為自己還會活得更久。也許正是這一點量上的差別，使生命有了質的不同：有些人把夢想變成了現實，有些人把夢想帶進了墳墓。

最重要是什麼，就把它先裝在心中

一位年近七十歲的哲學教授在上他的最後一節課。

在課程快完時他拿出了一個大玻璃瓶，又先後拿出兩個袋子，一個裝著核桃，另一個裝著蓮子。

然後他對大家說：「我今天要給你們做一個我年輕時就看到的實驗。實驗的結果我至今常常想起，並常用這個結果激勵自己，我希望你們每個人也能記住這個實驗的結果。」

在座的同學當時都很好奇，哲學課還能做出實驗來？就用那些核桃和蓮子？

教授把核桃倒進玻璃杯中，直到一個也塞不進去為止。這時候他問：「現在杯子滿了嗎？」

學過哲學的同學已經有了幾分辯證法的思維：「如果說裝核桃的話，它已經裝滿了。」

教授又拿出蓮子，用蓮子填充核桃還留下的空間。

然後，教授笑著問：「你們能從這個實驗中概括出什麼哲理嗎？」

同學們一個個開始發言，有人說這說明了世界上沒有絕對的滿，只有相對的滿。

有人說這說明了時間像海綿裏的水，只要想擠，總可以擠得出來。

還有人說這說明了空間可以無限細分。

最後，教授說：「你們說的都很有道理，不過還沒有說出我想讓大家領悟的道理來。你們是不是可以反過來想一想，如果我先裝的是蓮子而不是核桃，那麼蓮子裝滿後還能再裝下核桃嗎？你們想想看，人生有時候是不是也是如此，我們經常被許多無關緊要的小事困擾，看著人生就沈埋於這些瑣碎的事物之中，到了最後，卻往往忽略了那些真正對自己重要的事情。結果，白白浪費了許多寶貴的時間。所以，我希望大家能夠記住這個實驗，如果蓮子先塞滿了，就裝不下核桃了。」

一片靜默之中，在座的同學們都陷入了沈思。

簡單道理

在現實生活中，我們雖然知道哪些事更重要，卻總會找來各種理由去迴避它，總是在心中裝了一些煩瑣小事。人的生命有限，我們必須清晰地認識到自己這一生中最重要的是什麼，先把最重要的事裝在心中。

難得的人品，是一個人最好的證明

斯坦因曼斯是德國的一位工程技術人員，因為失業和國內的經濟不景氣，而不遠千里的來到美國。他幸運地得到一家小工廠老闆的看重，聘用他擔任生產機器馬達的技術人員。

一九二三年，美國福特公司有一台馬達壞了，公司所有的工程技術人員都未能修好。正在焦急萬分的時候，有人推薦了斯坦因曼斯，福特公司於是派人請他來。他來之後，什麼也沒做，只是要了一張草蓆鋪在電機旁，聚精會神地聽了三天，然後又要了梯子，爬上爬下忙了多時，最後他在電機的一個部位用粉筆畫了一道線，寫上「這裡的線圈多繞了十六圈」幾個字。福特公司的技術人員按照斯坦因曼斯的建議，拆開電機把多餘的十六圈線取走，再開機，電機馬達便正常運轉了。

福特公司總裁福特先生得知後，對這位德國技術員十分欣賞，先是給了他一萬美元的酬金，然後又親自邀請斯坦因曼斯加盟福特公司。

但斯坦因曼斯卻向福特先生說，他不能離開那家小工廠，因為那家小工廠的老闆在他最困難的時候幫助了他。

福特先生先是覺得遺憾萬分，繼而又感慨不已。福特公司在美國是實力雄厚的大公司，人們都以進福特公司為榮，而他卻為了報恩而捨棄如此好的機會。

不久，福特先生做出一個決定，收購斯坦因曼斯所在的那家小工廠。董事會的成員都覺得不可思議：這樣一家小工廠怎麼會進入福特先生的視野？福特先生說：「人品難得，因為那裡有斯坦因曼斯。」

簡單道理

一個人的能力固然重要，但最重要的還是人品。在很多時候，人品是一個人最有魅力的武器，是一個人最好的證明，良好的人品不僅能夠得到別人的尊重，而且還會獲得比別人更多的機會。

在人生的道路上，要懂得轉彎

他在上中學時，父母曾為他選擇了文學這條路，但只上了一學期，老師就在他的評語中下了如此結論：該生很用功，但過分拘泥，這樣的人即使有著完善的品德，也絕不可能在文學上有所成就。

於是他又改學油畫，誰知他既不關心構圖又不會調色，對藝術的理解力也很差。後來，還是化學老師發現他做事一絲不苟，具備做好化學實驗應有的品格，於是建議他改學化學。

這一次，他智慧的火花被點燃了，其化學成績在同學中遙遙領先，以至於後來他獲得了諾貝爾化學獎，他的名字叫奧托·瓦拉赫。

他是個農民，但他從小的理想就是當作家。為此，他一如既往地努力著，十年來，堅持每天寫作五百字。每寫完一篇，他都改了又改，精心地加以修潤，然後再充滿希望地寄往各地的報紙雜誌。遺憾的是，儘管他很用功，可是他從來沒有一篇文章得以發表，甚至連一封退稿信都沒有收到過。

二十九歲那年，他總算收到了第一封退稿信。那是一位他多年來一直堅持投稿的刊物的編輯寄來的，信裏寫道：「看得出你是一個很努力的青年，但我不得不遺憾地告訴你，你的知識面過於狹窄，生活經歷也顯得過於蒼白。但我從你多年的來稿中發現，你的鋼筆字越來越出色……」

就是這封退稿信，點醒了他的困惑。他毅然放棄寫作，而練起了鋼筆書法，果然成長很快。現在他已是有名的硬筆書法家，他的名字叫張文舉。就這樣，他讓理想轉了一個彎，繼而柳暗花明，走向了成功。成功之後的他向記者感嘆說：「一個人要想成功，理想、勇氣、毅力固然重要，但更重要的是，在人生路上要懂得捨棄，更要懂得轉彎！」

簡單道理

當我們為了理想而努力，卻在錯綜繁雜的人生道路上迷失，碰壁的時候，要懂得捨棄和轉彎，並隨時校正自己的理想，只有找到最適合自己發展的路徑，才會有所成就。

我們都沒有時間，也沒有必要去生氣

在古時候，有一個名叫愛迪巴的人，每次和人起爭執生氣的時候，就以很快的速度跑回家去，繞著自己的房子和土地跑三圈，然後坐在田邊喘氣。

愛迪巴工作非常勤勞，他的房子越來越大，土地也越來越廣……但不管房子和土地有多大，只要與人爭論生氣時，他還是會繞著房子和土地跑三圈。

愛迪巴為何每次生氣都繞著房子和土地跑三圈？所有認識他的人心中都起了疑惑，但是不管怎麼問他，愛迪巴都不願意說。

直到有一天，愛迪巴很老了，他的房子和土地又廣又大了。他生氣的時候，還是要柱著拐杖艱難地繞著土地跟房子轉圈，等他好不容易走完三圈……太陽都已經下山了。愛迪巴獨自坐在田邊喘氣，他的孫子在身邊懇求他：「祖父！您已經年紀大了，這附近地區的人也沒有誰的土地比您更大了，您不能再像從前一樣，一生氣就繞著土地跑了！您可不可以告訴我這個秘密，為什麼您一生氣就要繞著土地跑上三圈？」

愛迪巴禁不起孫子的懇求，終於說出隱藏在心中多年的秘密。他說：「年輕時，我一和人吵架、爭論、生氣，就繞著房子和土地跑三圈，邊跑邊想……我的房子這麼小，土地這麼少，我哪有時間、哪有資格去跟人家生氣？一想到這裡，氣就消了，於是就把所有時間用來努力工作。」

孫子問說：「祖父！您年紀大了，又變成富有的人了，為什麼還要繞著房子和土地跑？」

愛迪巴笑著說：「我現在還是會生氣，生氣時繞著房子和土地走三圈，邊走邊想……我的房子這麼大，土地這麼多，我又何必跟人計較？一想到這，氣就消了。」

簡單道理

誰都難免有生氣的時候，有的人一生起氣來，就氣上半天，這樣不但會傷及身體，有時生氣還會引起各種悲劇，生氣實在是件不划算的事。在生氣時，不妨想一想：我有時間去生氣嗎？我有必要去生氣嗎？或許就會消氣了。

一個人的價值，不會因外表的改變而改變

一座教堂中，正在舉行一場婚禮。

神父在彌撒當中，手持一張嶄新的百元鈔票問大家：「在場有人想要它嗎？」沒有人出聲……

神父說：「不用害羞！想要就請舉手！」全場大約三分之一的人舉起了手……

神父接著將那新鈔揉成一團後，再問：「現在是否還有人想要擁有它？」

仍然有人舉手，但少了差不多一半……

神父又將那鈔票放在地下，踩了幾下，撿起來，鈔票已變得又髒又皺。他再問大家：「還有人想要擁有它嗎？」

全場只有一位男士舉手……

神父請這位男士上台，把一百元給了這位先生，並說這位男士是唯一的三次都在舉手的……

當全場大笑時，神父示意大家安靜，向新郎說：「今天你迎娶的這心愛的女士，就如同一張

嶄新的百元鈔票，歲月加上辛勞，就如同殘破的百元鈔票一樣，往往會讓起初的寵愛變了心。而事實上，鈔票仍然是鈔票，它的價值是完全沒有改變的。希望你可以像這位男士一樣，懂得真正的價值和意義，別被外表帶領你迷失了人生的道路！」

簡單道理

當我們愛一個人的時候，愛的是他的價值，而不是他的外表。一個人的外表會隨著時間的流逝或辛勞而改變，變得蒼老甚至醜陋，但一個人的價值永遠是不會改變的。

有什麼樣的選擇，就有什麼樣的人生

從前，有兩個饑餓的人得到了一位長者的恩賜：一根魚竿和一簍鮮活碩大的魚。其中，一個人要了一簍魚，另一個人要了一根魚竿，於是他們分道揚鑣了。得到魚的人原地就用乾柴搭起爐火煮起了魚，他狼吞虎嚥，還沒有品嚐出鮮魚的肉香，轉瞬間，連魚帶湯就被他吃了個精光，不久，他便餓死在空空的魚簍旁。

另一個人則提著魚竿繼續忍饑挨餓，一步步艱難地向海邊走去，但當他已經看到不遠處那片蔚藍色的海洋時，他渾身的最後一點力氣也使用完了，他只能帶著無盡的遺憾撒手人間。

又有兩個饑餓的人，他們同樣得到了長者恩賜的一根魚竿和一簍魚。只是他們並沒有各奔東西，而是商定共同去找尋大海，他們每次只煮一條魚，他們經過遙遠的跋涉，來到了海邊。從此，兩人開始了捕魚為生的日子。幾年後，他們蓋起了房子，有了各自的家庭、子女，有了自己建造的漁船，過著幸福安康的生活。

有三個人要被關進監獄三年，監獄長給他們三個人一人一個要求。美國人愛抽雪茄，要了三箱雪茄；法國人最浪漫，要了一個美麗的女子相伴；而猶太人說，他要一台與外界溝通的電話。

三年過後，第一個衝出來的是美國人，嘴裏鼻孔裏塞滿了雪茄，大喊說：「給我火，給我火！」原來他忘了要火柴了。接著出來的是法國人，只見他手裏抱著一個小孩子，美麗女子手裏牽著一個小孩子，肚子裏還懷著第三個。最後出來的是猶太人，他緊緊握住監獄長的手說：「這三年來我每天與外界聯繫，我的生意不但沒有停頓，反而增長了百分之二百，為了表示感謝，我送你一輛勞斯萊斯！」

簡單道理

每個人都會有面臨選擇的時候，有什麼樣的選擇，就會有什麼樣的人生，一個人選擇眼前的利益，得到的終將是短暫的歡愉；一個人選擇長遠利益，才可能成為一個成功之人。

一個人被別人需要，生存才顯得有意義

在某一城市一家醫院的同一間病房裏，住著兩位相同的絕症患者，不同的是，一個來自鄉下農村，一個就生活在醫院所在的城市。

生活在醫院所在城市的病人，每天都有親朋好友和同事前來探望。家人前來時寬慰說：「家裏你就放心吧，還有我們呢，你就安心養病吧。」朋友探望時勸慰說：「現在你什麼也別想，就專心的養病就行。」公司的人開導說：「你放心，公司的事，我們都替你安排好了，你現在的工作就是養病……。」

來自鄉下農村的患者，只有一位十二、三歲的小男孩守護著。他的妻子十天半個月才能來看他一次，或送錢、或送些衣物。妻子每次來，總是不停地說這說那，要丈夫為家裏的事情拿主意：快要播種了，今年是種「稻子」還是「大麥」？再過兩天，大伯就要嫁女兒了，你說要送多少賀禮啊？小芳說要跟她表姐去城裏，我還沒答應，這事要你拿主意……。幾個月後，情況發生了戲劇性的變化。

生活在醫院所在城市的那位病人，在親人、朋友、同事一聲聲「你放心吧」、「你就安心養病吧」的寬慰聲裏，意識中感覺他們已不需要自己，自己也就失去了活著的價值意義，漸漸地失去了戰勝病魔的信心和勇氣，於是在病魔的吞噬中死去。

來自鄉下農村的患者，在妻子大事小事都要自己定奪、拿主意中，意識中感覺家人對自己的不可缺少，自己對家人的重要，意識到自己必須活著，哪怕僅僅是給家人拿些主意，於是一種強烈的求生慾望使他奇蹟般地活了下來。

簡單道理

被別人需要，是人的一種天性，也能表現出一個人的價值，在某些特定情況下，一個人如果不被別人需要，生存也就失去了意義，所以，你不妨告訴你的親人和朋友：我需要你們。

在心中點一盞心燈，才能真正照亮自己

從前，有一位年輕的尼姑去見師父，她對師父說：「師父！我看破紅塵，遁入空門已經多年，每天在這青山白雲之間，吃齋念佛，暮鼓晨鐘，經讀得越多，心中的雜念不但不減，反而增加，怎麼辦？」

師父說：「點一盞燈，使它不但能照亮妳，而且不會留下妳的身影，就可以悟通了！」

數十年過去了……

有一所尼姑庵遠近馳名，大家都稱之為「萬燈庵」；因為其中點滿了燈，成千上萬的燈，使人走入其間，彷彿步入一片燈海，燦爛輝煌。

這所萬燈庵的主持，就是當年的年輕尼姑，雖然如今年事已高，並擁有上百的徒弟，但是她仍然不快樂，因為儘管她每做一樁功德，就點一盞燈，卻無論把燈放在腳邊，懸在頂上，乃至以一片燈海將自己團團圍住，還是總會見到自己的影子，甚至可以說，燈越亮，影子越明顯；燈越多，影子也越多。她困惑了，卻已經沒有師父可以問，因為師父早已圓寂，自己也將不久人世。

她圓寂了，據說就在死前終於悟通。

她沒有在萬燈之間找到一生尋求的東西，卻在黑暗的禪房裏悟道時，發覺身外的成就再高，燈再亮，卻只能造成身後的影子。唯有一個方法，能使自己皎然澄澈，就是心無罣礙—點一盞心燈。

簡單道理

一個人活在世上，想做到了無牽掛是不現實的。但有一點是可以肯定的，那就是若想活得快樂，就要不為外界的一切所困擾—為自己點一盞心燈，在心中照亮自己。

越能輕易得到的東西，就越不知道珍惜

富商奧力姆和他的朋友瑪迪，一起來到一座城市。

奧力姆對瑪迪說：「你知道嗎？這座城市曾經救過我年輕的性命。那一年我從這裡路過，突然急病發作，昏倒在路旁。是這座城市裏善良的人們把我揹到醫院，而且又是這座城市裏最高明的醫生為我治好了病。我不知道誰是我的救命恩人，因為他們都沒有留下自己的姓名。後來我離開了這座城市，隨著財富的增加，我越來越思念這座城市，越來越想報答我的救命恩人。」

「那麼，你準備為這座城市做點什麼呢？」

「把我最珍貴的三顆寶石，奉送給這裡善良的人們。」

他們在這座城市裏住了下來。

第二天，奧力姆就在自己門口擺了一個小攤，上面擺著三顆閃閃發光的寶石。奧力姆還在攤位上寫了一張告示：「我願將這三顆珍貴的寶石無償送給善良的人們。」可是，過往的行人只是駐足觀望了一會兒，然後又各走各的路去了。

整整一天過去了，三顆寶石無人問津。

整整兩天過去了，三顆寶石仍遭冷落。

整整三天過去了，三顆寶石還是寂寞無主。

奧力姆大惑不解。

瑪迪笑了笑說：「讓我來做一個試驗吧。」

於是，瑪迪找來一根稻草，將它裝在一個精美的玻璃盒裏。盒中鋪上紅絲絨布，標籤上寫著：「稻草一根，售價一萬美元。」

此舉一出，立刻產生轟動效應。人們爭先恐後，前來詢問稻草的非凡來歷。瑪迪說此稻草乃某國國王所贈，是王室家中傳家之物，保佑著主人的榮華富貴。

結果，此稻早最後被人以八千美元買走，但那三顆寶石依然在熠熠發光，而在人們眼中，只是把它們當作假貨，當作哄小孩的而已。

事後，瑪迪對奧力姆說：「人們總是對難以到手的東西垂涎三尺，哪怕它只是一根稻草。」

簡單道理

在人生的道路上，人們對於越是輕易可以得到的東西，就越不知道珍惜，甚至把寶物看成廢物；而對於難以得到手的東西，卻想方設法弄到手，甚至把廢物看成寶物。

換個角度去思考和行動，
我們就會擁抱成功

如果倒下去了，就要立即再站起來

一位父親很為他的孩子苦惱。因為他的兒子已經十五、六歲了，可是一點男子氣概都沒有。於是，父親去拜訪一位禪師，請他訓練自己的孩子。

禪師說：「你把孩子留在我這裡，三個月以後，我一定可以把他訓練成真正的男人。不過，這三個月裡，你不可以來看望他。」父親同意了。

三個月後，父親來接孩子。禪師安排孩子和一個空手道教練進行一場比賽，以展示這三個月的訓練成果。

教練一出手，孩子便應聲倒地。他站起來繼續迎接挑戰，但馬上又被打倒，於是他又站了起來……就這樣來來回回一共十六次。

禪師問父親：「你覺得你孩子的表現夠不夠有男子氣概？」

父親說：「我簡直羞愧死了！想不到我送他來這裡受訓三個月，看到的結果是他這麼不耐打，被人一打就倒。」

禪師說：「我很遺憾，你只看到表面的勝負。你有沒有看到，你兒子那種倒下去立即又站起來的勇氣和毅力呢？這才是真正的男子氣概啊！」

簡單道理

在人生的道路上，如果倒下去了，就要立即再站起來。這是一種敢於拚搏的精神，更是一種永不認輸的氣概。一個人不可能一直倒下去，只要站起來比倒下去的次數多一次，就是成功。

換個角度去思考和行動，我們就會擁抱成功

「牛仔大王」李維斯的西部發跡史中，曾有這樣一段傳奇：當年他像許多年輕人一樣，帶著夢想前往西部追趕淘金熱潮。

一日，突然間他發現有一條大河擋住了他前往西部去的路。苦等數日，被阻隔的行人越來越多，但都無法過河。於是陸續有人向上游、下游繞道而行，也有人打道回府，更多的則是怨聲一片。而心情慢慢平靜下來的李維斯，想起了曾經有人傳授給他的一個「思考致勝」的法寶，是一段話：「太棒了，這樣的事情竟然發生在我的身上，又給了我一個成長的機會。凡事的發生必有其因果，必有助於我。」於是他來到大河邊，非常興奮地不斷重覆著對自己說：「太棒了，大河居然擋住我的去路，又給我一次成長的機會，凡事的發生必有其因果，必有助於我。」果然，他真的有了一個絕妙的創業主意—擺渡。沒有人吝嗇一點小錢坐他的渡船過河，迅速地，他人生的第一筆財富居然因大河擋道而獲得。

一段時間後，擺渡生意開始清淡，他決定放棄，並繼續前往西部淘金。來到西部，到處都是

人，他找到一塊合適的空地方，買了工具便開始淘起金來。沒過多久，有幾個惡漢圍住他，叫他滾開，別侵犯他們的地盤。他剛理論幾句，那些人便失去耐心，一頓拳打腳踢。無奈之下，他只好離開。好容易又找到另一處合適的地方，沒多久，同樣的悲劇再次重演，他又被人轟了出來。在他剛到西部那段時間，多次被欺侮。終於，最後一次被人打完之後，看著那些人揚長而去的背影，他又一次想起他的致勝法寶：「太棒了，這樣的事情竟然發生在我的身上，又給了我一次成長的機會，凡事的發生必有其因果，必有助於我。」他真切地、興奮地反覆對自己說著，終於，他又想出了另一個絕妙的主意—賣水。

西部黃金不缺，但似乎自己無力與人爭雄；西部缺水，但似乎沒有什麼人能想到它。不久他賣水的生意便紅紅火火。慢慢地，也有人參與了他的新行業，後來同行的人已越來越多。終於有一天，在他旁邊賣水的一個壯漢對他發出通牒：「小個子，以後你別來賣水了，從明天早上開始，這裡賣水的地盤歸我了。」他以為那人是在開玩笑，第二天依然來了，沒想到那傢伙立即走過來，不由分說，便對他一頓搥打，最後還將他的水車也一起砸爛。李維斯不得不再次無奈地接受現實。然而當這傢伙揚長而去時，他卻立即開始調整自己的心態，再次強行讓自己興奮起來，不斷的對自己說著：「太棒了，這樣的事情竟然發生在我的身上，又給了我一次成長的機會，凡事的發生必有其因果，必有助於我。」

他開始調整自己注意的焦點。他發現來西部淘金的人，衣服極易磨破，同時又發現西部到處都有廢棄的帳篷，於是他又有了一個絕妙的好主意—把那些廢棄的帳篷收集起來洗乾淨，就這樣，他縫成了世界上第一條牛仔褲！從此，他一發不可收拾，最終成為舉世聞名的「牛仔大王」。

簡單道理

如果我們只知道說一些安慰和鼓勵自己的話，那就成了不折不扣的阿Q；如果我們把那些話作為我們走出沮喪的激勵，轉變面對失敗時的心態，換個角度去思考和行動，我們就會擁抱成功。

拿出自己的勇氣來，就沒有做不到的事

有一天，明治保險公司的推銷員原一平，突然心中閃出一個念頭：三菱銀行一定融資或投資許多公司，銀行的總裁川田萬藏也是明治保險公司的董事長。若能得到他的介紹……天啊！他不敢再想下去。他興奮得心跳加快，他鼓足了勇氣，決定立即展開行動。

他找到公司的業務最高主管，常務董事阿部，恭恭敬敬地說了他的偉大計劃，並要求他代為向川田取得介紹信。

阿部一言不語的聽完他的計劃和請求，並且說：「你的計劃很好。如果計劃成功，我也很高興。不過，有些情況你不瞭解。當時，三菱公司投資明治保險公司時，講明絕不介紹保險。所以，我代你向川田董事長請求介紹信的話，明天我就可能被革職了。」

原一平聽完之後，還是決定直接去見董事長。

第二天上午九點，他被帶進董事長的會客室。

兩個小時過去了仍不見董事長進來，他不由自主地在沙發上打起了瞌睡。突然，他覺得肩膀

被人搖了兩三下，他立刻驚醒，眼前出現了照片上早已熟悉的川田董事長。

「你找我幹什麼？」董事長劈頭大聲問道。

原一平一下子慌了手腳，先前的演練早已忘得一乾二淨，他結結巴巴地說：「我……我是明治保險公司的原一平。」

「你找我到底有什麼事呢？」不等他說完，川田又來了一句。

「我想去訪問日清紡織公司的總經理宮島清次郎先生，想請董事長給我寫張介紹信。」

「什麼，保險那玩意兒也是可以的嗎？」

每當碰到針鋒相對的激烈場面時，原一平暴烈的個性立刻浮現，而且常給對手以致命的反擊。他一聽董事長這句話，向前一大步，大罵說：「你這混賬東西！」

董事長愣住了，往後退了一步。

原一平不解的繼續說道：「你剛剛說保險這玩意兒，公司不是一再地告訴我們推銷人壽保險是神聖的工作嗎？你這個老傢伙還是我們公司的董事長呢！我要立刻回公司去，向所有員工宣布。」說完，他怒氣沖沖地奪門而出。

一衝出門，他立刻為自己的粗野行為懊悔不已。他六神無主地在街上徘徊，淚如泉湧，不知所措。最後還是回到公司，向阿部詳細報告全部的經過情形，並說打算在向阿部道歉後，立即提出辭呈。

這時，電話鈴響了。一放下話筒，阿部便面對著原一平哈哈大笑地說：「這是川田董事長的電話，他說剛才公司來了一個很厲害的年輕人，嚇了他一大跳。」接著，阿部拍拍原一平的肩膀說：「他還說你是個優秀職員呢！」

更出其不意的是，董事長還邀請原一平去他的住所。在住所，董事長熱誠地歡迎原一平到來，把雙手按在他的肩膀上，親切地與他交談。談話結束後，董事長提議去三越百貨公司，給他買了新西裝、新襯衫、新皮鞋。此後，凡是原一平需要的客戶，董事長都介紹給他。受寵若驚的原一平認識到自身責任的重大，更加兢兢業業地工作，使他的個人業績連續十五年居日本全國第一，形成了獨霸全國保險市場的局面。

簡單道理

我們每個人都有勇氣，這是我們自身用不完的財富，要懂得積極利用，否則就等於浪費。很多事表面上看起來很難，實際上卻是在考驗我們的勇氣，只要我們拿出一點勇氣去嘗試，往往就會收到意想不到的效果。

在競爭中最重要的是，要使自己強大起來

一位搏擊高手參加錦標賽，自以為穩操勝券，一定可以奪得冠軍。但出乎意料的是，在最後的決賽中，他遇到了一個實力相當的對手，雙方竭盡全力出招攻擊。當對打到了中途，搏擊高手意識到，自己竟然找不到對方招式中的破綻，而對方的攻擊卻往往能夠突破自己防守中的漏洞。最後搏擊高手慘敗在對方手下。

他懊惱的找到自己的師傅，將對方和他搏擊的過程，再次演練給師傅看，並請求師傅幫他找出對方招式中的破綻。

師傅笑而不語，在地上畫了一條線，要他在不能擦掉這條線的情況下，設法讓這條線變短。搏擊高手百思不得其解，怎麼會有像師傅所說的辦法，能使地上的線變短呢？最後，他無可奈何地放棄了思考，轉而向師傅請教。

師傅在原先那條線的旁邊，又畫了一條更長的線。兩者相比較，原先的那條線，看來變得短了許多。

師傅開口說：「奪得冠軍的關鍵，不僅僅只在於如何攻擊對方的弱點，正如地上的長短線一樣，只有你自己變得更強，對方就如原先的那條線一樣，也就在相比之下變得較短了。如何使自己更強，才是你需要苦練的根本。」

簡單道理

在競爭中，除了要保持良好的競技狀態外，也要注重在人格上、知識上、智慧上、實力上，使自己增長，變得更加成熟，最重要的是要使自己強大起來。只有這樣，你才會超越對手。

取得成功的唯一途徑，就是立刻行動

有一個人，從確立了他的目標開始，時刻記得行動才是第一位的。這個人是美國海岸警衛隊的一名廚師。空餘時間，他代同事們寫情書，寫了一段時間以後，他覺得自己突然愛上了寫作。他給自己訂立了一個目標：用兩到三年的時間寫一本長篇小說。

為了實現這個目標，他立刻行動起來。每天晚上，在大家都去娛樂時，他卻躲在屋子裏不停地寫啊寫。就這樣整整寫了八年以後，他終於第一次在雜誌上發表了自己的作品，但這只是一個佔了小小的篇幅而已，稿酬也只不過是五十美元。但是他並沒有灰心，相反的，他卻從中看到了自己的潛能。

從美國海岸警衛隊退休以後，他仍然寫個不停。雖然稿費沒有多少，欠款卻越來越多了，有時候，他甚至沒有買一個麵包的錢。儘管如此，他仍然鍥而不捨地寫著。朋友們見他實在太貧窮了，就給他介紹了一份到政府部門工作的差事。可是他卻拒絕了，他說：「我要做一個作家，我必須不停地寫作。」又經過了幾年的努力，他終於寫出了預想的那本書。為了這本書，他花費了整整十二年的時間，忍受了常人難以承受的艱難困苦。因為不停地寫，他的手指已經變形，他的視力也下降了許多。

然而，他成功了。小說出版後立刻引起了巨大的轟動，僅在美國就發行了一百六十萬冊精裝本和三百七十萬冊平裝本。這部小說還被改編成電視連續劇，觀眾超過了一億三千萬，創電視收視率歷史最高記錄。最後他獲得了普立茲獎，收入一下子超過五百萬美元。

這個人的名字叫哈里，他的成名著作就是我們今天仍然能經常讀到的《根》。哈里說：「取得成功的唯一途徑就是『立刻行動』，努力工作，並且對自己的目標深信不疑。世上並沒有什麼神奇的魔法可以將你一舉推上成功之巔，你必須要有理想和信心，遇到艱難險阻必須設法克服它。」

簡單道理

有句話說得好：「一百次的心動不如一次的行動！」因為行動是一個勇於改變自我、拯救自我的標誌，是一個人能力有多大的證明。在成功的道路上，我們需要的是：用行動來證明和兌現曾經心動過的行動。

從易到難往往很難，從難到易往往很簡單

一位音樂系的學生走進練習室。鋼琴上，擺放著一份全新的樂譜。

「超高難度。」他翻動著，喃喃自語，感覺自己對彈奏鋼琴的信心似乎跌到了谷底。

已經三個月了，自從跟了這位新的指導教授之後，他不知道為什麼教授要以這種方式整人？勉強打起精神，他開始用十根手指奮戰、奮戰、奮戰，琴音蓋住了練習室外教授走來的腳步聲。

指導教授是個很有名的鋼琴大師。他給自己的新進學生一份樂譜。

「試試看吧！」他說。

樂譜難度頗高，學生彈得生澀僵滯錯誤百出。

「還不熟悉，回去好好練習！」教授在下課時，如此叮囑學生。

學生練了一個星期，第二週上課時正在準備中，沒想到教授又給了他一份難度更高的樂譜，

「試試看吧！」上星期功課，教授提也沒提。

學生再次掙扎於更高難度的技巧挑戰。

第三週，更難的樂譜又出現了，同樣的情形持續著，學生每次在課堂上都被一份新的樂譜克死，然後把它帶回去練習，接著再回到課堂上，重新面臨難上幾倍的樂譜，卻怎麼樣都追不上進度，一點也沒有因為上週的練習而有駕輕就熟的感覺，學生感到越來越不安、沮喪及氣餒。

教授走進練習室，學生再也忍不住了，他必須向鋼琴大師提出這三個月來，何以不斷折磨自己的質疑。

教授沒開口，他抽出了最早的第一份樂譜，交給學生。

「彈奏吧！」他以堅定的眼神望著學生。

不可思議的事情發生了，連學生自己都訝異萬分，他居然可以將這首曲子彈奏得如此美妙、如此精湛！教授又讓學生演奏了第二堂課的樂譜，學生仍然表現出了高水準發揮。演奏結束，學生怔怔地看著老師，說不出話來。

「如果，我任由你表現最擅長的部分，可能你還在練習最早的那份樂譜，不可能有現在這樣的程度……」教授緩緩地說著。

簡單道理

我們往往習慣於表現自己所熟悉、所擅長的領域，並且願意由易到難地做起。其實，這樣難度會越來越大，最後容易導致放棄。如果換種方法，從難到易做起，事情就會越來越容易，會收到意想不到的效果。

你要求的次數越多，你就越容易得到

當今世界最偉大的女推銷員瑪奇塔是個黃毛丫頭，她自七歲起，便以賣女童軍餅乾賺進了八萬多美金。瑪奇塔十三歲那年發現了推銷的秘訣後，便在放學後挨家挨戶推銷餅乾。原來害羞得要命的瑪奇塔，後來竟變成賣餅乾的高手。

這一切都起始於願望──火紅炙熱的願望。

對瑪奇塔和她的母親而言，她們的夢想就是能環遊世界。瑪奇塔的父親在她八歲時拋下了她們母女倆，之後，瑪奇塔的母親便在紐約當服務生來餬口。有一天瑪奇塔的母親對她說：「我要努力賺錢讓妳上大學，等妳大學畢業後，妳就可以賺足夠的錢讓我們去環遊世界，好不好？」

因此十三歲的瑪奇塔從女童軍雜誌上獲知，賣最多餅乾的童子軍可以帶另一人免費環遊世界，她就決定盡全力賣出女童軍餅乾，她要締造史無前例的女童軍餅乾銷售紀錄！

但僅有慾望是不夠的，為了使夢想實現，瑪奇塔知道她必須有個計劃。

瑪奇塔的姑姑建議她：「隨時隨地要服裝合宜，穿上代表妳專業精神的行頭。做生意時，就要穿得像生意人。穿上女童軍制服，在四點半或六點半去推銷，尤其是在禮拜五晚上去公寓的住家推銷時，妳要請他們多訂些餅乾，並隨時面帶微笑，不管他們買不買，妳都要彬彬有禮。不要求他們買妳的餅乾，而是請他們投資。」

或許有很多其他的童子軍都想環遊世界，或許他們也都有自己的計劃，但只有瑪奇塔每天放學後穿著她的女童軍制服，隨時隨地且鍥而不捨地請人投資她的夢想。她會在門口對應門的人說：「嗨！我有一個夢，藉由推銷餅乾，我可以為我和我媽媽贏得免費的環球之旅，您要不要投資一打或兩打餅乾？」

瑪奇塔那年賣了三千五百二十六盒女童軍餅乾，並贏得了她的環球之旅。從那時候開始，她又賣掉了四萬二千多盒的女童軍餅乾，她也在全國各地的推銷大會上演說，並在一部描述她冒險歷程的迪斯尼電影中演出。此外，她也是暢銷書：《如何賣出更多餅乾》、《凱迪拉克》、《電腦》及《其他重要的事》的作者之一。

和其他數以千計心懷有夢想的老老少少比起來，瑪奇塔並不很聰明，也不見得更外向大方。差別在於瑪奇塔發現了銷售的秘訣，那就是要求、要求再要求。許多人在尚未開始前就失敗了，因為他們沒有請求別人給他們想要的東西。不管我們推銷的東西為何物，我們總是在別人有機會拒絕之前，就因為害怕被拒絕而先否定了自己。

我們每個人都在推銷，瑪奇塔十四歲時說：「我們每天都在推銷自己，在學校把自己推銷給老師和同學。在校外，把自己推銷給新認識的人。我媽媽是個服務生，她推銷每日特餐，想得到選票的市長和總統也是在推銷……露西是我最喜歡的老師之一，她把地理課教得很有趣，這的確是高明的推銷……我舉目所見盡是推銷，推銷是整個世界的一部分。」

要求別人給你想要的東西是需要勇氣的，勇氣不僅是不害怕，而是儘管內心有恐懼，但仍然去完成必須做的事情。正如瑪奇塔所體會到的—你要求的次數越多，你就越容易得到你想要的東西，而且連帶的也會得到更多樂趣。

有一次，在一個現場直播的電視節目裏，製作人決定給瑪奇塔一個最困難的考驗，他要瑪奇塔把女童軍餅乾推銷給另一位參加此節目的來賓。瑪奇塔問這位來賓：「您要不要投資一打或是兩打的女童軍餅乾？」

「女童軍餅乾？我從來不買什麼女童軍餅乾！」這位來賓如此回答：「我是聯邦監獄的典獄長，每天晚上我要讓二千名的強暴犯、搶劫犯、殺人犯、詐欺犯及虐待兒童的犯人乖乖入睡。」

瑪奇塔對這樣的回答一點都不生氣，反而很快地反駁說：「先生，如果您肯買一些餅乾，或許您就不會如此小氣、憤怒及惡毒。而且，先生，我覺得這是個不錯的主意，您可以帶一些餅乾回去給每一個犯人。」瑪奇塔如此要求。

這個典獄長馬上開了一張支票。

簡單道理

我們每天都在推銷自己，可以說，推銷無處不在，但能夠真正做好推銷工作的人卻不多。推銷的秘訣是要求、要求、再要求，要求對方投資而不是接受，你要求的次數越多，你就越容易得到你想要的東西。

無論發生了任何事，都沒有什麼大不了的

如果一個人在四十六歲的時候，在一次很慘的機車意外事故中被燒得不成人形，四年後又在一次墜機事故後腰部以下全部癱瘓，會怎麼樣？

接下來，我們能想像他變成百萬富翁、受人愛戴的公眾演說家、洋洋得意的新郎官及成功的企業家嗎？我們能想像他會去泛舟、玩跳傘、在政壇角逐一席之地嗎？

但這一切，米契爾全做到了，甚至有過之而無不及。在經歷了兩次可怕的意外事故後，他的臉因植皮而變成一塊彩色板，手指沒有了，雙腿如此細小，無法行動，只能癱瘓在輪椅上。

那次機車意外事故，把他身上六成五以上的皮膚都燒壞了，為此他動了十六次手術，手術後，他無法拿起叉子，無法撥電話，也無法一個人上廁所，但以前曾是海軍陸戰隊隊員的米契爾從不認為他已被打敗了。他說：「我完全可以掌控我自己的人生之船，那是我的沈浮，我可以選擇把目前的狀況，看成是倒退或是另一個起點。」六個月之後，他又能開飛機了！

米契爾為自己在科羅拉多州買了一棟維多利亞式的房子，另外也買了房地產，一架飛機及一

家酒吧，後來他和兩個朋友合資開了一家公司，專門生產以木材為燃料的爐子，這家公司後來變成佛蒙特州第二大的私人公司。

機車意外發生後四年，米契爾所開的飛機在起飛時又摔回跑道，把他的十二根脊椎骨全壓得粉碎，腰部以下永遠癱瘓！

米契爾仍不屈不撓，日夜努力使自己能達到最高限度的獨立自主，他被選為科羅拉多州孤峰頂鎮的鎮長，以保護小鎮的美景及環境，使之不因礦產的開採而遭受破壞。米契爾後來也競選國會議員，他用一句「不只是另一張小白臉」的口號，將自己難看的臉轉化成一項有利的資產。

儘管剛開始面貌駭人、行動不便，米契爾卻開始泛舟，他墜入愛河且完成終身大事，也拿到了公共行政碩士，並持續他的飛行活動、環保運動及公眾演說。

米契爾堅強不屈的正面態度，使他得以在《今天看我秀》及《早安美國》節目中露臉，同時《前進雜誌》、《時代周刊》、《紐約時報》及其它出版物也都有米契爾的人物特寫。

米契爾說：「我癱瘓之前可以做一萬件事，現在我只能做九千件，我可以把注意力放在我無法再做的一千件事上，或是把目光放在我還能做的九千件事上，告訴大家說我的人生曾遭受過兩次重大的挫折，如果我能選擇不把挫折拿來當成放棄努力的藉口，那麼，或許你們可以用一個新的角度，來看待一些一直讓你們裹足不前的經歷。你可以退一步，想開一點，然後，你就有機會說：『或許那也沒什麼大不了的！』」

簡單道理

這世上有幸運，也就會有不幸。當不幸來臨時，無論是發生了什麼事，都要保持一種積極向上的心態和頑強的拚搏精神。我們要告訴自己：這沒什麼大不了的，我依然可以做以前想做的事，而且會把能做的事做得更好。

當弱點受到挑戰時，用強項去迎接挑戰

多年前的週末舞會，女孩子們都是秀髮披肩、亭亭玉立的大學畢業生，她像一朵六月的新蓮在沸騰的舞池中，裙裾翩翩飛，飄逸而芬芳。

在目光的包圍和無休無止的旋轉後，她累了，坐在一隅休息。

這時，一個男孩走過來向她微微鞠躬，伸出手並且說：「我可以請妳跳一曲嗎？」他彬彬有禮，像一個古代的王子，讓人不忍拒絕。

帶著一絲疲倦，她站了起來。當兩個人面對面地站在舞池中，靜等音樂響起的片刻，她突然發現，那個男生竟然比她似乎還矮一點。也許並不真的比她矮，但是女孩子覺得，如果哪個男生與她同高，那就已經是很矮了。

「我比你還高呢！」女孩子輕聲地說，笑著，像小時侯與小夥伴比高矮時得勝後的高興的樣子。其實是心無城府的，因為她從小便比身邊所有的朋友長得高，已習慣了在與他們的比較中驕傲地笑。但眼前的男孩子並不是自己的朋友，只是舞會上偶爾邂逅的舞伴。女孩子立刻為自己的

口無遮攔而後悔了。

一切發生的太快了，男孩子有點不及防備。稍微愣了一下，臉上的笑容還來不及褪去，新的一波笑意竟浮了上來。

他不慍不惱地說：「是嗎？我要迎接挑戰。」

後面四個字稍稍有點重。女孩子無語，歉意地笑，躲過他的目光，但卻有點緊張地捕捉來自他的資訊。就見他下意識地挺直了腰胸，輕描淡寫地說：「把我所發表過的文章墊在我的腳底下，我就比妳高了。」

原來，他也有他的驕傲。舞會後，他們成了戀人。後來，因為陰錯陽差，他們並沒能走在一起，但是，女孩卻從來沒有忘記過他，沒有忘記當年在舞會上的那一幕情景，尤其是那兩句不卑不亢的話：「我要迎接挑戰。」「把我所發表的文章墊在我的腳底下，我就比妳高了。」

簡單道理

每個人都會有自己的弱點或缺陷，每個人也都有自己的強項，當弱點或缺陷受到挑戰時，不要退縮，而是要勇敢地去迎接它──用自己的強項打敗挑戰。

很多時候幫助別人，
就是在幫助自己

換個角度看問題，壞事也會變成好事

阿根廷著名的高爾夫球選手羅伯特．德．溫森多，有一次贏得一場錦標賽領到支票後，他微笑著從記者的重圍中出來，到停車場準備回俱樂部。

這時候，一個年輕的女子向他走來。她向溫森多表示祝賀後，又說她可憐的孩子病得很重，也許會死掉，而她卻不知如何才能支付起昂貴的醫藥費和住院費。

溫森多被她的敘述深深打動了。他二話不說，掏出筆在剛贏得的支票上飛快地簽了名，然後拿給了那個女子。

「這是這次比賽的獎金，祝可憐的孩子好運。」他說道。

一個星期後，溫森多正在一家鄉村俱樂部吃午餐。一位職業高爾夫球聯誼會的官員走過來，問他一週前是不是遇到一位自稱孩子病得很重的年輕女子。

「停車場的孩子們告訴我的。」官員說。

溫森多點了點頭。

「哦，對你來說這是個壞消息，」官員說道。「那個女人是個騙子，她根本就沒有什麼病得很重的孩子。她甚至還沒有結婚！溫森多，你讓人給騙了！我的朋友。」

「你是說，她根本就沒有一個病得快死的小孩子？」

「是這樣的，根本就沒有。」官員答道。

溫森多長呼了一口氣。「這真是我一個星期來，聽到的最好的消息。」溫森多說。

簡單道理

任何事物都具有兩面性。本來是一件壞事，如果從另一個角度看，則會是件好事。所以，在遇到諸如不順、打擊、失敗等時，不妨從另一個角度去看待問題。這樣，人生才會快樂和幸福。

當逆境找上門來時，要改變逆境

一位女兒對父親抱怨她的生活，抱怨每件事都那麼艱難，她不知該如何應付生活，想要自暴自棄了。她已厭倦抗爭和奮鬥，好像一個問題剛解決，新的問題就又出現了。

她的父親是位廚師，他把她帶進廚房。他先往三個鍋裏倒入一些水，然後把它們放在旺火上燒。不久鍋裏的水燒開了，他往一個鍋裏放一些胡蘿蔔，第二個鍋裏放入雞蛋，最後一個鍋裏放入碾成粉末狀的咖啡。他將它們浸入開水中煮，一句話也沒有說。

女兒咂咂嘴，不耐煩地等待著，納悶父親在做什麼。大約二十分鐘後，他把火關了，把胡蘿蔔撈出來放入一個碗內，把雞蛋撈出來放入另一個碗內，然後又把咖啡舀到一個杯子裏。做完這些後，他才轉過身問女兒：「親愛的，妳看見什麼了？」她回答說：「胡蘿蔔、雞蛋、咖啡。」

他讓她靠近一點並讓她用手摸摸胡蘿蔔，她摸了摸，注意到它們變軟了；父親又讓女兒拿一顆雞蛋，將殼剝掉後，她看到的是顆煮熟的雞蛋。最後，他讓她喝了咖啡。品嚐到香濃的咖啡，女兒笑了，不好意思地問說：「父親，這意味著什麼？」

他解釋說，這三樣東西都面臨同樣的逆境—煮沸的開水，但其反應各不相同。胡蘿蔔入鍋之前是強壯的、結實的，毫不示弱；但進入沸水之後，它變軟了，變弱了。雞蛋原來是易碎的，它薄薄的外殼保護著它呈液體的狀態；但是經沸水一煮，它的液體狀態變硬了。而粉狀咖啡豆則很獨特，進入沸水之後，它們反而改變了水。

「哪個是妳呢？」他問女兒，「當逆境找上門來時，妳該如何反應？妳是胡蘿蔔，是雞蛋，還是咖啡豆粉？」

簡單道理

人生中充滿著變術，逆境往往會不請自來。在逆境找上門來時，要保持一種積極的心態，不應該屈服和順從它，應該讓自己變得更加堅強，更應該要改變它。

信仰會使人擁有力量，信仰也會使人失去力量

澳洲曾經出現過一支野蠻民族，族人不分男女老幼，個個孔武有力，赤手空拳也能和獅虎搏鬥。殘暴的性情加上天賦的力量，使其他弱小的族群長期生活在他們的欺凌之下。

但經過調查，這支民族後來卻是澳洲所有少數民族中最先滅亡的一支。

聽說，有人暗中查出這個民族傳襲著一種奇怪的信仰—禁止洗澡。他們認為身體的污垢是神賜的禮物，若是加以洗淨，力量就會消失，形同軟弱的兔子，毫無反抗之力，只有任敵人宰割。

於是，幾支弱小民族聯合起來，在一個風雨交加的夜晚，將暴漲的河水引進他們所居住的洞穴。

果然，被突如其來的河水沖刷，讓他們發出驚惶的哀嚎，一時之間，彷彿失去了所有的力量，一個個癡呆地癱倒在地。

當一支支石刀刺進他們的胸膛，儘管鮮血四濺，他們卻仍在相信力量已經完全消失的心理因素下，不作任何抵抗。

對此，研究人類學的專家說：「信仰使人擁有力量，信仰也使人失去力量。」

簡單道理

一個人擁有信仰，的確在某些時候可以產生神奇的力量。但一旦失去信仰，力量也會失去，甚至連本能的力量也會失去。所以，不要把信仰建立在神靈身上，而應該建立在自己身上——相信自己。

相信這都會過去，一切都將會過去

古希臘有一位國王，擁有至高無上的權勢、享用不盡的榮華富貴，但是他並不快樂。他可以主宰自己的臣民，卻難以操控自己的情緒，種種莫名其妙的焦慮和憂鬱不時讓他悶悶不樂、寢食難安。於是，他召來了當時最負盛名的智者蘇菲，要求他找出一句人間最有哲理的箴言，而且這句濃縮了人生智慧的話必須有一語驚心之效，能讓人勝不驕、敗不餒，得意而不忘形、失意而不傷神，始終保持一顆平常心。蘇菲答應了國王，條件是國王將佩戴的那枚戒指交給他。

幾天後，蘇菲將戒指還給了國王，並再三勸告他：「不到萬不得已，別輕易取出戒指上鑲嵌的寶石，否則它就不靈驗了。」沒過多久，鄰國大舉入侵，國王率部隊拚死抵抗，最後整個王國淪陷於敵人之手，於是，國王四處亡命。有一天，為逃避敵兵的搜捕，他藏身在河邊的茅草叢中，當他取水解渴，猛然看到自己的倒影時，不禁傷心欲絕──誰能相信如今這個蓬頭垢面、衣衫襤褸的人，就是那個曾經氣宇軒昂、威風凜凜的國王呢？就在他雙手掩面欲投河輕生之際，他想到了戒指。他急切地摳下了上面的寶石，只見寶石裏側鐫刻著一句話──這都會過去！

頓時，國王的內心重新燃起希望的火花。從此，他忍辱負重、臥薪嚐膽，重招舊部東山再起，最後趕走了外敵，贏回了王國。當他再一次返回王宮後，所做的第一件事便是將「這都會過去」，這句五字箴言鐫刻在象徵王位的寶座上。

後來，他被譽為最有智慧的國王而名垂青史。據說，在臨終之際，他特別留下遺囑：「死後，雙手空空地露出靈柩之外。」以此向世人昭示那句五字箴言。

簡單道理

普希金說，一切都是暫時的，轉瞬即逝……因此，在我們身處順境時，要學會惜福與感恩；身處逆境時，要學會堅忍和等待，要相信逆境只是暫時的，告訴自己：「這都會過去，一切都將會過去。」

換個說法，往往就能曲徑通幽

相傳，有家父子冬日在鎮上賣便壺（俗稱「夜壺」，舊時男人夜間或病中臥床小便的用具）。父親在南街賣，兒子在北街賣。不多久，兒子的地攤前有了看貨的人，其中一個看了一會兒，說道：「這便壺大了些。」那兒子馬上接過話說：「大的好哇！裝的尿多。」人們聽了，覺得很不順耳，便轉頭離去。

在南街的父親也遇到了顧客說便壺大的情況。當聽到一個老人自言自語說：「這便壺大了些」後，馬上笑著輕聲地接了一句：「大是大了些，可是您想想，冬天夜長啊！」好幾個顧客聽完，都會意地點了點頭，繼而掏錢買走了便壺。

兒子一句話砸了生意，父親一句話活絡了生意。

明朝開國皇帝朱元璋，少年時當過放牛郎，交了一些窮朋友。稱帝後，他總有一種高處不勝寒的感覺，總想找找昔日的朋友敘敘舊。

一天，果然來了一位舊友，被朱元璋引進宮內。那人一坐下便比手畫腳地說：「我主萬歲！

皇上還記得嗎？從前你和我都替財主放牛。有一天我在蘆花湯裏，把偷來的青豆放在瓦罐裏煮。沒等煮熟，大家都搶著吃。你把罐子都打破了，撒了滿地的青豆，湯都潑在地上了。你只顧從地上抓豆吃，不小心把草葉送進嘴裏，卡住了喉嚨。還是我的主意，叫你把青菜葉吞下，才把卡在喉嚨的草葉嚥進了肚裏去。」朱元璋聽了他的述說，在百官面前哭笑不得，為了保住體面，他把臉一沈厲聲喝道：「哪來的瘋子，替我亂棍打出去！」

這個抱頭竄出的倒楣蛋，去給朱元璋的另一位舊友—昔日的同路放牛娃說了這件事。那個放牛娃微微一笑，說：「你看我去，保得富貴。」於是他大搖大擺走進宮來，一見朱元璋，納頭便拜，然後敘起舊來：「皇上還記得嗎？當年微臣隨著您大駕，都騎著青牛去掃蕩蘆州府，打破了罐州城，湯元帥在逃，你卻捉住了豆將軍，紅孩兒擋在了咽喉之地，多虧菜將軍擊退了他。那次戰鬥我們大獲全勝。」朱元璋對舊友吹噓的那場戰爭心知肚明，他只不過是換了個說法，把醜事說得含蓄動聽，臉上有光。又想起當年大家饑寒交迫有難同當的情景，心情激動，立即封這位舊友為禦林軍總管。

簡單道理

有時說直話很難把事情辦好，甚至還會將好事辦砸。話不可以直說時，不妨換個說法，只有含蓄地傳遞資訊、表情達意，才能使對方樂於接受，從而達到曲徑通幽的目的。

把事情弄清楚，才不會產生誤會

早年在美國阿拉斯加，有一個年輕人結了婚，婚後他的太太因難產而死，但遺留下來一個孩子。

他忙著工作，又忙於顧家，因為沒有人幫忙看顧孩子，就訓練一隻狗，那狗兒聰明聽話，能照顧小孩，咬著奶瓶餵奶給孩子喝。

有一天，主人出門去了，叫狗兒照顧孩子。

他到了別的鄉村，因為遇上大雪，當日不能回來。第二天才急急忙忙趕回家，狗兒立即聞聲出來迎接主人。他把房門打開一看，到處是血，抬頭一望，床上也是血，孩子不見了，狗兒在身邊，滿口也是血，主人發現這種情形，以為狗性發作，把孩子吃掉了，大怒之下，拿起刀來朝著狗頭一劈，把狗給殺死了。

但過沒多久，忽然聽到孩子的聲音，只見他從床底下爬了出來，於是抱起了孩子；孩子雖然身上有血，但並未受傷。

他覺得奇怪，不知究竟是怎麼一回事，再看看狗身，腿上的肉沒有了，旁邊有一隻狼，口裏還咬著狗兒的肉。原來是狗兒救了小主人，但狗兒卻被主人誤殺了，這真是天下最令人驚奇的誤會。主人為此懊悔不已。

簡單道理

誤會往往是人們在不瞭解事情真相時產生的。如果事情一開始，就一直只想到對方的錯，只能使誤會越陷越深，最後鬧得不可收拾。所以，在怪罪別人之前，一定要先把事情弄清楚，這樣才能避免發生誤會。

每個人生下來時，就已是一名冠軍

為了給大學生進行性的教育，某學校的心理諮詢中心，特別請來一名性病防治中心的專家，給大學生們講課。

專家是個風趣的老先生，他攤開演講稿，然後拿出三幅圖解掛在講台上。一幅是男性生殖器圖，一幅是女性生殖器圖，還有一幅是受精卵形成圖。同學們頓時鴉雀無聲，第一次直接地面對這些東西，每個人都十分嚴肅。

專家並不理會同學們的驚異，而是提了個問題作為演講的開場白：「大家知道嗎？你生來就是要做冠軍的。」然後，他指著掛圖說：「今天主要講第三個圖解，這是我講的重點，要知道你們來到人世間是多麼的不容易……你知道嗎？你是一個很特殊的人，為了生下你，許多戰鬥發生了，這些戰鬥又必須以成功告終。想想吧，幾億的精子參加了那次戰鬥，然而其中只有一個贏得了勝利，就是構成你的那一個。這是為了達到一個目標而進行的大規模的戰鬥，這個目標就是為了結合一顆寶貴的卵，你的生命最終決定性的戰鬥，就是在這樣的微型戰場上進行的。」

這時，很多低著頭的女生抬起了頭，對專家的講解充滿了贊同。他接著說：「所以你能來到這個世界時，你就已經是一名冠軍了。」台下的同學以熱烈的掌聲回應了專家。專家接著說：「……然後，你們現在已經進入大學，也就相當於半隻腳已經跨進社會的大門，以後你們會遇到很多障礙和困難，但是你們要記住，你們生來就是一名冠軍的，無論有什麼障礙和困難擋在你們成長的道路上，它們都不足你們在成胎時所克服的障礙和困難的十分之一那麼大……」

簡單道理

一個人能夠來到這個世界上，就證明他已經是一名冠軍了。所以，在人生的道路上，要時刻記住：自己是一名冠軍，要用積極的心態去努力不懈，無論遇到多大的困難，我們都不應該倒下。

跳出自己的思維模式，才能走出死胡同

著名的心算家阿伯特．卡米洛從來沒有失算過。

有一天他做表演時，有人上台給他出了一道題：「一輛載著二百八十三名旅客的火車駛進車站，有八十七人下車，六十五人上車；下一站又下去四十九人，上來一百一十二人；再下一站又下去三十七人，上來九十六人；再再下一站又下去七十四人，上來六十九人；再再再下一站又下去十七人，上來二十三人……」

那人剛說完，心算大師便不屑地回答說：「小兒科！告訴你，火車上一共還有……」。

「不」，那人攔住他說，「我是請您算出列車一共停了多少站。」阿伯特．卡米洛呆住了。

這位天才的心算家思考的只是老生常談的數字，但這組簡單的加減法卻成了他的「滑鐵盧」。

真正「滑鐵盧」的失敗者拿破崙也有一個鮮為人知的故事。

拿破崙被流放到聖赫勒拿島後，他的一位善於謀略的密友，透過秘密方式給他捎來一副用象牙和軟玉製成的西洋棋。拿破崙愛不釋手，從此一個人默默地下起了西洋棋，打發著寂寞痛苦的

時光。西洋棋被摸光滑了，他的生命也走到了盡頭。

拿破崙死後，這副西洋棋經過了多次的轉手拍賣。後來一個擁有者偶然發現，有一個棋子的底部居然可以打開，裏面塞有一張如何逃出聖赫勒拿島的詳細計劃！這位天才的軍事家想的只是西洋棋是用來消遣的，卻沒有想到西洋棋裏暗藏玄機。

簡單道理

很多時候，我們的失敗，其實都是敗在思維定勢上。無數事實證明，偉大的創造、天才的發現，都是從突破思維定勢開始的；但如果在自己的思維定勢裏打轉，即使是天才也走不出死胡同的。

從有利於自己的角度看問題，就會充滿希望

在古希臘的城邦國家時期，各個城邦之間經常發生殘酷的戰爭。其中有一次戰爭，雅典城邦被敵對的城邦圍困了半年之久。

這個時候，雅典最高長官命令負責軍糧的官員，認真計算一下他們還有多少糧食，雅典還能支撐多久。沒多久時間，官員驚慌失措地來報告，我們的糧食僅僅還夠支撐一週的時間，一週以後全城的人就會斷糧。

最先聽到這個消息的一些官員也驚慌失措起來，他們紛紛向長官進言，與其被圍困餓死，還不如開城投降，保住一城百姓的性命。

這個時候，最高長官站了起來，他的臉上充滿了自信和樂觀。他說，我們還有一週的糧食可以支撐，太好了，難道我們不能利用這一週突圍嗎？敵人的軍糧就夠一週用嗎？難道一週我們還想不出更好的辦法嗎？

是啊，還有一週呢，一週，也許敵人就會堅持不住了，我們就會不戰而勝了。

正如最高長官預測的那樣，到了他們的糧食還能夠支撐三天時間的時候，圍城的敵人開始撤退了，原因是他們的軍糧已經用盡了，雅典城靠著信心和希望戰勝了敵人。

簡單道理

在很多時候都是這樣的，同一個問題會有兩種截然不同的看法，從一個角度去看，是死路一條的絕路，而從另一個角度去看，則是充滿希望的陽光大道。

很多時候幫助別人，就是在幫助自己

有這樣兩個小故事。

古時候，有兩個兄弟各自帶著一個行李箱出遠門。

一路上，重重的行李箱將兄弟倆都壓得喘不過氣來。他們只好左手累了換右手，右手累了又換左手。

忽然，大哥停了下來，在路邊買了一根扁擔，對弟弟說：「我來幫你。」

於是，哥哥將兩個行李箱一左一右掛在扁擔上。他挑起兩個箱子上路，反而覺得輕鬆了很多。

在一場激烈的戰鬥中，上尉忽然發現一架敵機向陣地俯衝下來。照常理，發現敵機俯衝時要毫不猶豫地臥倒。可是上尉並沒有立刻臥倒，他發現離他四、五公尺遠處有一個戰士還站在那裡。

他顧不了這麼多，一個魚躍飛身將戰士緊緊地壓在了自己的身體下。此時一聲巨響，飛濺起來的泥土紛紛落在他們的身上。

上尉拍拍身上的塵土，回頭一看，頓時驚呆了：剛才自己所處的那個位置被炸成了一個大坑。

簡單道理

在我們人生的道路上，每個人肯定會遇到許許多多的困難甚至是危險。我們應該記住：在別人有困難和危險時，我們應該伸出援助之手。因為幫助別人，就是在幫助自己。

如果缺少幸福，

就需要留住幸福的種子

如果滿足於自己的現狀，你就會很幸福

有一個美國商人坐在墨西哥海邊一個小漁村的碼頭上，看著一個墨西哥漁夫划著一艘小船靠岸。小船上有好幾尾大黃鰭鮪魚，這個美國商人對墨西哥漁夫能抓到這麼高檔的魚恭維了一番，還問要多久的時間才能抓到這麼多？墨西哥漁夫說，不用一會兒功夫就可以抓到了。美國人再問：「你為什麼不待久一點，好多抓一些魚？」

墨西哥漁夫覺得不以為然：「這些魚已經足夠我們一家人生活所需了！」

美國人又問：「那麼你一天剩下那麼多時間都在幹什麼？」

墨西哥漁夫解釋：「我呀？我每天睡到自然醒，出海抓幾條魚，回來後跟孩子們玩一玩，再跟老婆睡個午覺，黃昏時晃到村子裏喝點小酒，跟哥兒們彈彈吉他，我的日子可過得充實又忙碌，我很幸福！」

美國人不以為然，幫他出主意的說：「我是美國哈佛大學企管碩士，我倒是可以幫你忙！你應該每天多花一些時間去抓魚，到時候你就有錢去買條大一點的船。自然你就可以抓到更多的

魚，再買更多的漁船。然後你就可以擁有一個漁船團隊。到時候你就不必把魚賣給魚販子，而是直接賣給加工廠。然後你可以自己開一家罐頭工廠。如此你就可以控制整個生產、加工處理和營銷。最後你可以離開這個小漁村，搬到墨西哥城，再搬到洛杉磯，最後到紐約。在那裡經營你不斷擴充的企業。」

聽完，墨西哥漁夫問：「這要花多少時間呢？」

美國人回答：「十五到二十年。」

「然後呢？」

美國人大笑著說：「然後你就可以在家當皇帝啦！時機一到，你就可以宣布股票上市，把你的公司股份賣給投資大眾。到時候你就發啦！你可以幾億幾億地賺！」

「然後呢？」

美國人說：「到那個時候你就可以退休啦！你可以搬到海邊的小漁村去住。每天睡到自然醒，出海隨便抓幾條魚，跟孩子們玩一玩，再跟老婆睡個午覺，黃昏時，晃到村子裏喝點小酒，跟哥兒們彈彈吉他了！」

墨西哥漁夫疑惑地說：「我現在不就是這樣了嗎？」

簡單道理

人的一生，到底在追求什麼樣的幸福？或許不是金錢，不是長命百歲，而是一種生活方式。如果你對自己目前的生活現狀很滿意，就證明你已經很幸福了，也就沒有必要再去追逐一些身外之物了。

如果缺少幸福，就需要留住幸福的種子

從前有個孤兒，過著貧窮的日子。這年剛好進入初冬，他的全部口糧只剩下父母生前為他留下的一小袋豆子了。但是，他強忍著饑餓，把那一小袋豆子仔細的藏了起來。之後，他全靠撿拾破爛勉強餬口。儘管如此，在他心中總有一株株綠油油的誘人豆苗在旺盛地生長，他在夢中也似乎真的看見了來年那些可愛的豆苗。

因此，在那個漫長而寒冷的冬季裡，他雖然多次險些餓昏過去，卻一直沒有去觸摸那一袋豆子，因為他知道，那是未來幸福的種子、生命的種子！

苦日子的寒冬就這樣過了。第二年春天來了，孤兒把那一小袋豆子播種到土地裡，再經過一個夏天的辛勤耕耘，到了秋天，他果然收穫了數十倍的豆子。豐收過後的孤兒並沒有就此滿足，他還想獲得更多更多的豆子，更多更多的幸福。於是，他把收穫的豆子又留下來繼續播種、耕耘、收穫。

就這樣，日復一日，年復一年，種了又收，收了又種。幾年過去了，孤兒的房前屋後、田邊地角到處長滿了可人的豆苗，屋裡囤滿了成包的豆子。後來，孤兒告別了貧困，並且成為遠近聞名的富翁。不久，他娶妻生子，成為了人人羡慕的幸福生活。

簡單道理

一個人幸福與否，全由自己來把握，人生如果有了幸福，還需要留住幸福；人生如果缺少了幸福，就需要留住幸福的種子。

有一顆包容的心，幸福往往就會不請自來

有個英俊的年輕人在森林裏迷路了三天，水盡糧絕，筋疲力盡，最後昏倒在地上。醒來以後，他發現自己躺在一間小木屋裏。他左顧右盼，看到一位醜陋的巫婆走進門來，年輕人萬分感激地說：「是妳救了我嗎？我非常感謝妳。」

巫婆用沙啞的聲音說：「年輕人，正是我救了你。你必須答應和我結婚，以報答我對你的恩情。」年輕人一臉難色，心裏很不情願，但巫婆畢竟是自己的救命恩人，所以只好同意與她成婚。

結婚那天，巫婆在喜宴上的吃相很難看，還不時發出難聽的怪聲，不知道有多少客人因此而私下竊笑。可是，為了報答救命之恩，年輕人忍受著這樣的窘境。

晚上兩人一起進入洞房，巫婆脫下禮服，就在那一瞬間，年輕人簡直不敢相信自己的眼睛：巫婆搖身一變，竟變成了一位美若天仙的少女。

少女對年輕人說：「因為你容忍我在喜宴中的放肆行為，所以我決定每天有十二個小時變成美若天仙的少女。由你決定我是在白天變還是在晚上變，一旦決定就不能反悔。」

年輕人陷入了進退兩難的選擇。如果選擇在白天，帶著美若天仙的少女出門，可以讓旁人羨慕，但晚上卻必須和醜陋的巫婆共枕；如果選擇晚上，白天就得忍受眾人的指指點點，但卻可以與美若天仙的少女共度良宵。這兩種選擇都不是最理想的，於是年輕人嘆息說：「我的確不知道該怎麼選擇。這樣吧！妳自己決定要扮演什麼角色，我不干涉妳的生活。」巫婆聽了很感動、很開心，溫柔地說：「謝謝你對我的包容，我現在的決定是，每天二十四小時都是美若天仙的少女，時時刻刻與你相伴在一起。其實，我本來就不是巫婆，而是一個留戀人間的仙女。我之所以變成巫婆，是為了尋找一個能真正包容我一切缺點的伴侶。」

簡單道理

有句話說：「世界上最廣闊的是海洋，比海洋更廣闊的是天空，比天空更廣闊的是人的心靈……」一個人如果懷有一顆包容的心，幸福往往就會不請自來。

做自己喜歡做的事，才會活得快樂

一天晚上，在紐約華爾街附近的一間餐館，一位打工的中國MBA留學生和餐館大廚在聊天。

留學生對餐館大廚說：「總有一天，我會打進華爾街，到跨國大公司裏上班，這樣我就能出人頭地，前途和錢途就會都有保障了。上帝保佑，到我畢業時，經濟不要像現在這樣低迷。」

餐館大廚笑道：「要是經濟繼續低迷，我餐館歇業，我也就只好回到華爾街，去當銀行家了。」

留學生嚇了一跳，眼前這位大廚豈能跟銀行家畫上等號？

大廚笑道：「我以前就在華爾街的銀行上班，每天都是午夜才下班回家，我早就厭煩了這種勞苦的生活。我年輕的時候很喜歡烹飪，看著親友們津津有味地讚歎我的廚藝，我便樂得心花怒放。有一次午夜兩點鐘，我終於結束了工作，在辦公室裏咀嚼著令人厭惡的漢堡，終於下定決心辭職去當一名專業美食家，這樣不僅可以滿足自己挑剔的腸胃，還有機會為眾人奉獻廚藝。從那時起到現在，我一直活得很快樂。」

簡單道理

要想活得快樂其實很簡單——不要為了出人頭地、為了別人的羨慕而活著，要勇於放棄自己不需要、不喜歡的事；認真去做自己喜歡做、高興做的事。

快樂不是玩物，而是豐富的人生體驗

一天早上，一位母親把三個未成年的兒子叫到身旁，分別給他們每人一塊錢，希望這些錢能夠幫助他們過得快樂，母親還要求孩子們，在天黑以前都必須講講自己的快樂故事。三個兒子答應了，便各自去尋找快樂。

不一會兒，大兒子捧著兩隻蟈蟈回來了，每隻蟈蟈都待在用竹篾編成的小簍子裏，清脆地叫著。媽媽問：「怎麼這麼快就回來了？那麼你找到快樂了嗎？」兒子說：「我一出門，看到一個鄉下人在賣蟈蟈，五毛錢一隻，我用一塊錢買了兩隻。聽蟈蟈唱歌蠻有趣味的。」母親點點頭。

大兒子剛說完，二兒子也回來了，他兩手端著一只小瓷皿。按照約定，他給媽媽講述說：「我往市集那裡走，看到有一群人在逗蟋蟀，我就圍著觀看。最後一隻大紅蟋蟀把所有的蟋蟀都打敗了。我好說歹說才從主人的手裏買下牠來。」說著他掀開蓋子，讓大家瞧。果然大紅蟋蟀神采飛揚，活蹦亂跳的樣子著實惹人喜愛。媽媽看了也很滿意，點頭微笑。

臨近中午，大兒子聽蟈蟈叫的興致漸漸衰退，二兒子逗蟋蟀也覺得乏味了，可是小兒子卻還沒有回來。日薄西山了，還是不見他的蹤影。當夜幕降臨、萬家燈火的時候，他才氣喘吁吁地走進家門。他滿臉的汗水，渾身的污垢，簡直成了一個泥巴人。

「怎麼會如此狼狽？我的孩子。」母親關切地問。

「哎！這一整天簡直是倒楣透了。」小兒子便對母親訴說他的倒楣事情，「我用您給我的錢租了一根魚竿，買了一些魚餌，要去郊外的湖邊釣魚……」

「我不記得你會釣魚呀？」母親說。

「是的，我不會。所以我想利用這個機會學會釣魚。」

「學會了嗎？」

「沒有。我拴好魚餌，下好竿，但我總是抓不準起竿的時機，不是早了就是晚了。好幾次，我揚起竿一看，魚餌都被吃光了，該死的魚卻逃跑了。最後一次我把魚餌全部放上去，想要釣一條大魚。這下子倒真的釣到一條大魚，可惜我拉不動，結果我被拉下了水，大魚把魚竿也拖到湖中央去了。」說到這裡的時候，兩個哥哥都哈哈大笑起來。

「魚竿可是租的，你怎麼辦呢？」

「是呀，我打算下水捉魚。弄幾條大魚給魚竿主人，他或許一高興，就不叫我賠錢了。」

「捉到了嗎？」

「摸到不少，可是一條也沒有捉到。那些魚身上都很溜滑，剛觸到鱗片，牠們就像精靈一樣子溜掉了。」

「我猜想，你肯定在淺水裏摔過很多跟斗。」

「可不，一尺多長的大魚在水面掀起浪花，很有衝勁呢。我有好幾次被牠們弄倒。」

「給我說說你跟魚竿主人交涉的情況吧。」

「我跟他一五一十地說了，請求他原諒。可是他最後還是讓我做了四個鐘頭的小工，才算了結。」

「人家還是優惠你了呢。」這時候，母親也忍俊不禁了。

「可不是。他說再遇到這種情況，就不僅僅是掃地、倒垃圾、整理貨架，還要……」

「肯定是這樣，這很公平。不過現在讓我關心一下你們兄弟的快樂故事吧——哥哥們用錢去買快樂，但你們買到的是玩物，不是快樂，你們幾乎沒有什麼過程可以回味；弟弟雖然一無所獲，但快樂的過程卻回味雋永。孩子們記住：快樂是不能購買的，快樂不是玩物，而是豐富的人生體驗。」

簡單道理

很多人以為賺錢是最快樂的，因為有了錢就可以換得快樂。其實錯了，我們可以看到，很多有錢的人並不快樂，快樂是金錢買不到的。在人生中，還有比賺錢更快樂的事情，那就是去經歷、去感受一種豐富的人生。

人生不可能再重來一次，要珍惜活著的感覺

一位得知自己不久於人世的老先生，在日記簿上記下了這段文字：

「如果我可以從頭再活一次，我要嘗試更多的錯誤，我不會再事事追求完美。」

「我情願多休息，隨遇而安，處世糊塗一點，不對將要發生的事處心積慮計算著。其實人世間有什麼事情需要斤斤計較呢？」

「可以的話，我會去多旅行，跋山涉水，再怎麼危險的地方也不怕去一去。以前我不敢吃冰淇淋，不敢吃豆類，是怕健康有問題，此刻我是多麼的後悔。過去的日子，我實在活得太小心，每一分每一秒都不容有失。太過清醒明白，太過清醒合理。」

「如果一切可以重新開始，我會什麼也不準備就上街，甚至連紙巾也不帶，我會放縱的享受每一分、每一秒。如果可以重來，我會赤足走在戶外，甚至整夜不眠，用這個身體來好好地感受世界的美麗與和諧。還有，我會去遊樂園多玩幾趟旋轉木馬，多看幾次日出，並且和公園裏的小朋友玩耍。

「只要人生可以從頭開始，我就會好好的珍惜，但是我知道，已經不可能了。」

簡單道理

在人的一生中，我們自己給自己製造了很多煩惱，也沒有好好享受生活。要知道，人生不可能再重來一次，不要以有限追求無限。最重要的是，要珍惜活著的感覺，不要等到人生走到末路時才恍然大悟。

最不後悔的活法，是從喜歡做的事中賺到金錢

漢德．泰萊是紐約曼哈頓區的一位神父。

有一天，教區醫院裏一位病人生命垂危，他被請過去主持臨終前的懺悔。他到醫院後聽到了這樣一段話：「仁慈的上帝！我喜歡唱歌，音樂是我的生命，我的願望是唱遍美國。作為一名黑人，我實現了這個願望，我沒有什麼要懺悔的。現在我只想說，感謝您，您讓我愉快地度過了一生，並讓我用歌聲養活了我的六個孩子。現在我的生命就要結束了，但死而無憾。仁慈的神父，現在我只想請您轉告我的孩子，讓他們做自己喜歡做的事，他們的父親是會為他們感到驕傲的。」

一個流浪歌手，臨終時能說出這樣的話，讓泰萊神父感到非常吃驚，因為這名黑人歌手的所有家當，就只是一把吉他。他的工作是，每到一處，就把頭上的帽子放在地上，開始唱歌。四十年來，他如癡如醉，用他所唱的西部歌曲，感染他的聽眾，從而換取那份他應得的報酬。

黑人的話，讓神父想起五年前曾主持過的一次臨終懺悔。那是一位富翁，住在里斯本區，他的懺悔竟然和這位黑人流浪漢差不多。他對神父說，我喜歡賽車，我從小研究它們、改裝它們、

經營它們，一輩子都沒離開過它們。這種愛好與工作難分、閒暇與興趣結合的生活，讓我非常滿意，並且從中還賺了大筆的錢，我沒有什麼要懺悔的。

白天的經歷和對那位富翁的回憶，讓泰萊神父陷入思索。當晚，他給報社寫了一封信。信裡寫道：「人應該怎樣度過自己的一生才不會留下悔恨呢？我想也許做到兩點就夠了。第一點，做自己喜歡做的事；第二點，想辦法從中賺到錢。」後來，泰萊神父的這兩點生活信條，被許多美國人所信奉。的確，人生如此，也沒什麼好後悔的了。

簡單道理

如果你喜歡做某一件事（必須是積極的），那你就去做，你的人生才會充滿樂趣；同時，要從你喜歡做的事中賺到金錢，你才會有生活的保障。一個人能做到這兩點的話，人生就不會留下什麼悔恨了。

你給了生活什麼，生活也同樣會給你什麼

很久以前，在一個遙遠的小山村裡，有一棟廢棄的房子。

一天，一隻小狗想找個地方乘涼，牠便從一扇門下面的小窟窿裏鑽進了房間。當牠走進那間屋子後，驚訝的發現房間裏還有上百隻小狗。牠認真地打量著牠們，牠們也在認真地打量著牠。小狗開始搖著尾巴，豎起耳朵，那一百隻小狗也都做出了同樣的動作。然後牠又朝著其中一隻小狗笑了笑，高興的叫著。牠發現，所有的小狗都朝著牠笑，並和牠一樣高興的叫著。走出小屋後，小狗心想：「這真是個好地方，今後我要經常到這裡來看看！」

過了一段時間，另一隻充滿怒氣的流浪狗來到這裡，也進了那個房間。但和第一隻小狗不同的是，牠發現那一百隻狗都對牠怒目而視。然後牠嗥叫起來，那一百隻狗也對著牠嗥叫。牠憤怒地對牠們狂吠著，那一百隻狗也對牠狂吠起來，嚇得牠趕緊離開了那個房間，心想：「這個地方太可怕了，我再也不來了！」

原來，這個地方是一個曾經被遺棄的「百鏡之家」。

簡單道理

在很多時候，我們的言行如同無數面鏡子，不但折射出人性的善惡美醜，而且能把自己所說的一切、所做的一切，毫無保留的反饋給自己。你給了別人什麼，別人就會給你什麼；你給了生活什麼，生活也同樣會給你什麼。

不受物慾的引誘，才能享受恬靜的生活

兩個墨西哥人沿著密西西比河淘金去了，到了一個河岔分了手，因為一個人認為阿肯色河可以掏到更多的金子，另一個人認為去俄亥俄河發財的機會更大。

十年後，進入俄亥俄河的人果然發了財，在那裡他不僅找到了大量的金沙，而且建了碼頭，修了公路，還使他落腳的地方成了一個大集鎮。現在俄亥俄河岸邊的匹茲堡市商業繁榮，工業發達，無不起因於他的拓荒和早期開發。

進入阿肯色河的人似乎沒有那麼的幸運，自分手後就沒了音訊。有的說已經葬身魚腹，有的說已經回去了墨西哥。直到五十年後，一個重二・七公斤的自然金塊在匹茲堡市引起了轟動，人們才知道他的一些情況。當時，匹茲堡《新聞周刊》的一位記者曾對這塊金塊進行了追蹤，他寫道：「這塊全美最大的金塊來自於阿肯色州，是一位年輕人在他屋後的魚塘裏撿到的，從他祖父留下的日記來看，這塊金塊是他的祖父扔進去的。」

隨後，《新聞周刊》刊登了那位祖父的日記。其中一篇是這樣的：「昨天，我在溪水裏又發

現了一塊金塊，比去年淘到的那塊還要更大，進城賣掉它嗎？那就會有成千上萬的人湧向這裡，我和妻子親手用一根根圓木搭建的棚屋，揮灑汗水開墾的菜園和屋後的池塘，還有傍晚的火堆，忠誠的獵狗，美味的燉肉、山雀、樹木、天空、草原、大自然贈給我們珍貴的靜逸和自由都將不復存在。我寧願看到它被扔進魚塘時濺起的水花，也不願眼睜睜地望著這一切從我眼前消失。」

簡單道理

生活中有太多的誘惑，而我們又有太多的物慾，這就是我們為什麼很難享受到恬靜生活的原因。所以，不要為了追求物慾而打亂自己的生活，要珍惜眼前擁有的一切，我們才會享受到恬靜的生活。

前半生要「不猶豫」，後半生要「不後悔」

印度有一位知名的哲學家，天生一股特殊的文人氣質，不知迷死了多少女人。某天，一個女子來敲他的門，她說：讓我做你的妻子吧！錯過我，你將再也找不到像我一樣愛你的女人了！

哲學家雖然也很中意她，但仍回答說：「讓我考慮考慮！」事後，哲學家用他一貫研究學問的精神，將結婚和不結婚的好壞所在，分別條列下來，才發現，好壞均等，真不知該如何抉擇？於是，他陷入長期的苦惱之中，無論他又找出了什麼新的理由，都只是徒增選擇的困難。

最後，他得出了一個結論—人若在面臨抉擇而無法取捨的時候，應該選擇自己尚未經歷過的那一個。不結婚的處境我是清楚的，但結婚會是怎樣的情況，我還不知道。對！我該答應那個女人的請求。

哲學家來到女人的家中，問女人的父親說：「你的女兒呢？請你告訴她，我考慮清楚了，我決定娶她為妻！」女人的父親冷漠地回答：「你來晚了十年，我女兒現在已經是三個孩子的母親了！」

哲學家聽了，整個人幾乎崩潰，他萬萬沒有想到，向來自以為是的哲學頭腦，最後換來的竟然是一場悔恨。

之後兩年，哲學家抑鬱成疾，臨死前，將自己所有的著作丟入火堆，只留下一段對人生的批註—**如果將人生一分為二，前半段人生哲學是「不猶豫」，後半段人生哲學是「不後悔」**。面對人生，既要有當機立斷的決心，更要有永不後悔的氣魄！

簡單道理

一個人在前半生，會面臨許多抉擇，如果猶豫不決，不僅會浪費許多時間，更會錯過許多的機會，所以，前半生要「不猶豫」。一個人在後半生，會為了做錯的一些事，或錯過的一些機會而陷入長期的後悔中，這樣不僅於事無補，還會徒增煩惱，所以，後半生要「不後悔」。

上帝是公平的，給誰的都不會太多

對每個生命來說，只有自己才是上帝

有一天，上帝來到人間。遇到一個智者，正在鑽研人生的問題。上帝敲了敲門，走到智者的面前說：「我也為人生感到困惑，我們能一起探討探討嗎？」

智者畢竟是智者，他雖然沒有猜到面前這個老者，就是上帝，但也能猜到絕不是一般的人物。他正要問上帝您是誰，上帝說：「我們只是探討一些問題，完了我就走了，沒有必要說一些其他的問題。」

智者說：「我越是研究，就越是覺得人類是一個奇怪的動物。他們有時候非常善用理智，有時候卻非常的不明智，而且往往在大的方向迷失了理智。」

上帝感慨地說：「這個我也有同感。他們厭倦童年的美好時光，急著長大，但長大了，又渴望返老還童；他們健康的時候，不知道珍惜健康，往往犧牲健康來換取財富，然後又犧牲財富來換取健康；他們對未來充滿焦慮，但卻往往忽略現在，結果既沒有生活在現在，又沒有生活在未來之中；他們活著的時候好像永遠不會死去，但死去以後又好像從沒活過，還說人生如夢……」

智者對上帝的論述感到非常的精闢，他說：「研究人生的問題，是很耗費時間的。您是怎麼利用時間呢？」

「是嗎？我的時間是永恒的。對了，我覺得人一旦對時間有了真正透徹的理解，也就能真正弄懂了人生了。因為時間包含著機遇，包含著規律，包含著人間的一切，比如新生的生命、沒落的塵埃、經驗和智慧等等，人生至關重要的東西。」

智者靜靜地聽上帝說著，然後，他要求上帝對人生提出自己的忠告。

上帝從衣袖裏拿出一本厚厚的書，上面卻只有這麼幾行字：

「人啊！你應該知道，你不可能取悅於所有的人；最重要的不是去擁有什麼東西，而是去做什麼樣的人和擁有什麼樣的朋友；富有並不在於擁有最多，而在於貪慾最少；在所愛的人身上造成深度創傷只要幾秒鐘，但是治療它卻要很長很長的時間；有人會深深的愛著你，但卻不知道如何表達；金錢唯一不能買到的，卻是最寶貴的，那便是幸福；寬恕別人和得到別人的寬恕還是不夠的，你也應當寬恕自己；你所愛的，往往是一朵玫瑰，並不是非要極力地把它的刺拔除掉，你能做的最好的，就是不要被它的刺所刺傷，自己也不要傷害到心愛的人；尤其重要的是：很多事情錯過了就沒有了，錯過了就會變的。」

智者看完了這些文字，激動地說：「只有上帝，才能……」抬頭一看，上帝已經走的無影無蹤了，只是周圍還飄著一句話：「對每個生命來說，最最重要的便是：只有自己才是自己的上帝。」

簡單道理

對於人生，我們時常充滿迷惑，時常犯一些不該犯的錯，當這些問題無法解決時，我們往往想到的不是自己，而是上帝。其實，對於每個生命來說，只有自己才是上帝。因為，所有的事都是自己造成的，當然自己也絕對有能力去解決這些問題。

上天保佑不了我們，只有自己才能保佑自己

在宋朝，有一段時期戰爭頻頻，國患不斷，一位大將軍叫李衛，帶領人馬殺赴戰場，不料自己的軍隊勢單力薄，寡不敵眾，被困在小山頂上，注定最後要被敵軍殲滅。

就在士氣大減，甚至有要舉手投降的可能之際，將軍李衛站在大家的面前說：士兵們，看樣子我們的實力是不如人家了，可是我卻一直都相信天意，老天讓我們贏，我們就一定能贏，所以我這裡有九枚銅錢，向蒼天祈求保佑我們衝出重圍，我把這九枚銅錢撒在地上，如果都是正面，一定是老天保佑我們，如果不全是正面的話，那肯定是老天告訴我們不會衝出去的，我們就投降。

此時，每個士兵閉上了眼睛，跪在地上，燒香拜天祈求蒼天保佑，這時李衛搖晃著銅錢，一把撒向空中，落在了地上，剛開始時士兵們不敢看，誰會相信九枚銅錢都會是正面的呢？可是突然一聲尖叫：「快看，都是正面！」大家都睜開了眼睛往地上一看，果真都是正面。士兵們跳了起來，把李衛高高舉起喊道：「我們一定會贏，老天保佑我們了！」

李衛拾起銅錢說：「那好，既然有蒼天的保佑，我們還等什麼，我們一定會衝出去的，各位，

鼓起勇氣，我們衝啊！」

就這樣，一小隊人馬竟然奇蹟般戰勝強大的敵人，突出重圍，保住了軍隊。後來，將士們談起了銅錢的事情時說：「如果那天沒有上天保佑我們，我們就沒有辦法出來了！」

這時候李衛從口袋裏掏出了那九枚銅錢，大家竟驚訝地發現，這銅錢的兩面都是正面！

李衛說：「上天保佑不了我們，保佑我們的是我們自己！」

簡單道理

相信上天能保佑我們，固然能得到一定的心理作用，但真正能保佑我們的只有我們自己。如果相信自己能像相信神靈那樣虔誠，那麼一切困難和危險都會輕鬆地得以解決。

保持自己的本色，因為本色就是最美

二十世紀八〇年代，有一位名叫安德森的模特兒公司經紀人，看中了一位身穿廉價產品不拘小節不施脂粉的大一女生。這位女生來自美國伊利諾州一個藍領家庭，唇邊長了一顆觸目驚心的大黑痣。她從沒看過時裝雜誌，沒化過妝，要與她談論時尚等話題，好比是對牛彈琴。

每年夏天，她就跟隨朋友一起，在德卡柏的玉米地裏剝玉米穗，以賺取來年的學費。安德森偏偏要將這位還帶著田野玉米氣息的女生介紹給經紀公司，結果遭到一次次的拒絕。有的說她粗野，有的說她惡煞，理由紛紜雜遝，歸根究底是那顆唇邊的大黑痣。安德森卻下了決心，要把女生及黑痣捆綁著推銷出去。他給女生做了一張合成照片，小心翼翼地把大黑痣隱藏在陰影裏。然後拿著這張照片給客戶看，客戶果然滿意，馬上要見本人。本人一來，客戶就發現「貨不對版」，客戶當下指著女生的黑痣說：「妳給我把這顆痣拿下來。」

雷射除痣其實很簡單，無痛且省時。女生卻說：「去你的，我就是不拿。」安德森有種奇怪的預感，他堅定不移地對女生說：「妳千萬不要袪除掉這顆痣，將來妳出名了，全世界就靠著這顆痣來識別妳。」

果然這女生幾年後紅極一時，日入三萬美金，成為天后級的人物，她就是名模辛蒂．克勞馥。她的長相被譽為「超凡入聖」，她的嘴唇被稱作芳唇（從前或許有人叫過驢嘴呢），芳唇邊赫然入目的是那顆今天被視為性感象徵的桀驁不馴的大黑痣。

有一天，媒體竟然盛讚辛蒂有前瞻性眼光。辛蒂回顧從前，一次次的受辱，成名路上多艱辛，幸好遇上了「保痣人士」安德森。

如果她摘了那顆痣，就是一個通俗的美人，頂多拍幾次廉價的廣告，就淹沒在繁花似錦的美女陣營裏面。暑期到來，可能還要站在玉米地裏繼續剝玉米穗，與蟲子、蝸牛為伍，以賺取來年的學費。

簡單道理

這世界上沒有絕對的美與醜，美與醜通常是可以互相轉化的。但有一點可以肯定，那就是最美的往往都來自於本色，來自於自然。所以，不要在乎別人挑剔的眼光，保持自己的本色，你就是最美。

只有活在希望中，才會看到光明

從前，有一老一小兩個相依為命的瞎子，每天靠彈琴賣藝維持生活。一天，老瞎子終於支撐不住病倒了。他自知不久即將離開人世，便把小瞎子叫到床頭，緊緊拉著小瞎子的手，吃力地說：「孩子，我這裡有個秘方，這個秘方可以使你重見光明。我把它藏在琴裏面了，但你千萬記住，你必須在彈斷第一千根琴弦的時候才能把它取出來，否則，你是不會看見光明的。」小瞎子流著眼淚答應了師傅。老瞎子含笑離去。

一天又一天，一年又一年，小瞎子將師傅的遺囑銘記在心，不停地彈呀彈，將一根根彈斷的琴弦收藏著。當他彈斷第一千根琴弦的時候，當年那個弱不禁風的少年小瞎子已到垂暮之年，變成一位飽經滄桑的老者。他按捺不住內心的喜悅，雙手顫抖著，慢慢地打開琴盒，取出秘方。

然而，別人告訴他，那是一張白紙，上面什麼都沒有。淚水滴落在紙上，他笑了。

很顯然，老瞎子騙了小瞎子。但這位過去的小瞎子如今的老瞎子，拿著一張什麼都沒有的白紙，為什麼反而笑了？因為就在他拿出「秘方」的那一瞬間，突然明白了師傅的用心。雖然是一張白紙，但是他從小到老彈斷一千根琴弦後，卻悟到了這無字秘方的真諦—在希望中活著，才會看到光明。

簡單道理

很多人抱怨生活中缺少或沒有光明，這是因為缺少或沒有希望的緣故。無論在多麼艱難的困境中，只要活在希望中，就會看到光明，這光明也將會伴隨著我們的一生。

有問題是因為活著，活著就會有問題

一個年輕人，有一段時間很煩躁，常躲在酒吧裏喝悶酒。一位調酒師小心地問他：「先生有什麼困難？說說看，也許我能幫上忙。」

那個年輕人喝盡了最後一口酒，冷冷地看了調酒師一眼：「我的問題太多了，沒有人能為我解決，而且事情不是那麼容易可以解釋的。」

調酒師微笑著說：「我在這裡工作已經十年了，十五歲就出來打天下，我也有過你這種感覺，後來一位高人指點過我；明天，我帶你去一個地方，他曾帶我去過的那裡……」

第二天下午他們如約出發了。

那個地方原來是墓園。

調酒師指著一座墳墓說：「躺在這裡是沒有問題的，不管你的問題有多少，只要能活下去，就有解決問題的希望。」

而所謂的「高人」，就是他在酒吧工作的老闆。「高人」曾自殺過，在與死神握手時，他覺悟了，死都不怕還怕活嗎？他有一句名言：「每一棵樹的枝葉都是它的問題，但也是一棵樹的全部。」

年輕人很客氣地回應說，這些道理他也懂，但就是無法擺脫煩惱。調酒師說：「其實，說明了人不會只想著如何解決問題。有時產生新的問題是處理舊的問題最好的辦法，比如當有人問你一個你不願回答的問題時，你可以微笑著問：你為什麼想知道呢？」

這時，年輕人笑了，並且說：「我明白了。」

簡單道理

人生就是一個問題接著一個問題，有問題是因為我們活著，活著就會有問題。這如同織毛衣，一個結接著一個結，最後竟會變成為一件傑作，這便是活著的真實。即使有打不完的結，這也是一種樂趣。

陷阱會偽裝成機會，機會也會偽裝成陷阱

一位富翁在非洲狩獵，經過三個晝夜的周旋，一匹草原狼成了他的獵物。在嚮導準備剝下狼皮時，富翁制止了他，問：「你認為這匹草原狼還能活嗎？」嚮導點點頭。富翁打開隨身攜帶的通訊設備，讓停泊在營地的直升機立即起飛，他想救活這匹草原狼。

直升機載著受了重傷的草原狼飛走了，飛向五百公里外的一家醫院。富翁坐在草地上陷入了沈思。這已不是他第一次來這裡狩獵，可是從來沒有像這一次給他如此大的觸動。過去，他曾捕獲過無數的獵物——斑馬、野牛、羚羊甚至獅子，這些獵物在營地大多被當做美餐，當天分而食之，然而這匹草原狼卻讓他產生了「讓牠繼續活著」的念頭。

狩獵時，這匹草原狼被追到一個近似於「丁」字形的岔路上，正前方是迎面包抄過來的嚮導，他也端著一把槍，草原狼夾在中間。在這種情況下，草原狼本來可以選擇岔路逃掉，可是牠沒有那麼做。當時富翁很不明白，牠為什麼不選擇岔路，而是迎著嚮導的槍口衝過去，準備奪路而逃？難道那條岔路比嚮導的槍口更危險嗎？

草原狼在奪路時被捕獲，牠的臀部中了彈。面對富翁的迷惑，嚮導說：「埃托沙的狼是一種很聰明的動物，牠們知道只要奪路成功，就有生存的希望，而選擇沒有獵槍的岔路，必定死路一條，因為那條看似平坦的路上必有陷阱，這是牠們在長期與獵人周旋中悟出的道理。」

富翁聽了嚮導的話，非常震驚。據說，那匹草原狼最後被救治成功，如今在納米比亞埃托沙禁獵公園裏生活，所有的生活費用由那位富翁提供，因為富翁感激牠告訴他這麼一個道理：在這個相互競爭的社會裏，真正的陷阱會偽裝成機會，真正的機會也會偽裝成陷阱。

簡單道理

在這個競爭的社會裏，機會和陷阱並存，但要辨別清楚的是，哪些是機會，哪些是陷阱。因為，真正的陷阱會偽裝成機會，真正的機會也會偽裝成陷阱。如果選擇錯了，就會掉進陷阱，或失去機會。

比別人多一種本領，就多一條生路

在很久以前，有一戶人家養了一大群鵝，其中有天鵝和家鵝。但由於牠們的體貌非常相似，所以當牠們混在一起的時候，主人根本就分辨不出哪個是天鵝，哪個是家鵝。

家鵝的警覺性很高，因此，當小偷來時，家鵝的驚叫聲就會叫醒主人。更重要的是，家鵝在替主人看家的同時，還拿自己的蛋品甚至肉體供主人開胃。由此，主人非常喜歡家鵝。但由於天鵝天性會高飛，還會唱歌，主人在每天勞累之餘聽聽天鵝的歌聲也感覺很愜意。因此，主人同樣喜歡天鵝。

有一天，一隻聰明的家鵝發現不對勁，牠問同伴：「我們每天替主人看家，累死累活地做事卻還被主人當做美味佳餚來宰殺，而天鵝整天吃喝玩樂，什麼也沒做，日子卻過得跟神仙一樣，這難道公平嗎？我們為何不「今朝有酒今朝醉」，享受享受呢？我們乾脆不幹活了，遠走高飛免得被欺負！」

可是家鵝成群結隊在路上興奮地嬉鬧時，半路卻殺出個「程咬金」，一隻狼衝出樹林，將一些鵝當作了美餐，而其他的家鵝被嚇得六神無主，驚慌失措地逃回了家。因為自己的主意而死了很多同伴，那隻聰明的家鵝傷心欲絕，從此再也不想什麼歪主意了，聽從命運的安排，又像從前那樣生活了。由於不知道自己有多大能力，家鵝付出了慘重的代價。

一天夜裏，主人為了宴請客人，抓了一隻天鵝。天鵝想到自己也有被主人宰殺的一天，心中好不是滋味，於是為自己唱起輓歌來。主人一聽到歌聲，馬上就知道弄錯了，於是放走了天鵝，從此天鵝又過上了自由自在的生活。

家鵝與天鵝很難辨認，但天鵝卻比家鵝多一種本領—唱歌，牠用自己的歌聲解救了自己。

簡單道理

在關鍵時刻，要知道自己的能力，更要知道如何施展自己的本領。特別是在激烈的競爭中，擁有一技之長是非常必要的。如果你比別人多一種本領的話，你就會多一條生路。

有什麼樣的想法，就有什麼樣的未來

有位年輕人第三次進京趕考，住在一個經常住的店裏。

考試前兩天他做了三個夢，第一個夢是夢到自己在牆上種白菜，第二個夢是下雨天，他戴了斗笠還打傘，第三個夢是夢到跟心愛的表妹脫光了衣服躺在一起，但是背靠著背。

這三個夢似乎有些深意，年輕人第二天就趕緊去找算命的來解夢。算命的一聽，連拍大腿說：「你還是回家吧。你想想，高牆上種菜不是白費勁嗎？戴斗笠打雨傘不是多此一舉嗎？跟表妹都脫光了躺在一張床上了，卻背靠背，不是沒戲唱嗎？」

年輕人一聽，心灰意冷，回店裏收拾包袱準備回家。店老闆非常好奇的問：「不是明天才要考試嗎？今天你怎麼就要回鄉了？」

年輕人如此這般說了一番。店老闆樂了說：「喲，我也會解夢的。我反而覺得，你這次一定要留下來。你想想，牆上種菜不是高（中）嗎？戴斗笠打傘不是說明你這次有備無患嗎？跟你表妹脫光了背靠背躺在床上，不是說明你翻身的時候就要到了嗎？」

年輕人一聽，更有道理，於是精神振奮地去參加考試，最後居然中了個探花。

簡單道理

積極樂觀的人，像太陽，照到哪裡哪裡亮；消極的人，像月亮，初一十五不一樣。一個人的想法決定著自己的生活態度。有什麼樣的想法，就有什麼樣的未來。

有什麼樣的目標，
就有什麼樣的人生

金子是有價的，但生命卻是無價的

在非洲一片茂密的叢林裏走著四個皮包骨頭的男子，他們扛著一只沈重的箱子，在茂密的叢林裏踉踉蹌蹌地往前走。

這四個人是：巴里、麥克里斯、約翰、吉姆，他們是跟隨隊長馬克格夫進入叢林探險的。馬克格夫曾答應給他們優厚的工資。但是，在任務即將完成的時候，馬克格夫不幸得了病而長眠在叢林中。

這個箱子是馬克格夫臨死前留下來的。他十分誠懇地對四人說：「我要你們向我保證，一步也不離開這只箱子。如果你們把箱子送到我朋友麥克唐納教授手裏，你們將分得比金子還要貴重的東西。我想你們會送到的，我也向你們保證，比金子還要貴重的東西，你們一定能得到。」

埋葬了馬克格夫以後，這四個人就上路了。但叢林的路越來越難走，箱子也越來越沈重，而他們的力氣卻越來越小了。

他們像囚犯一樣在泥潭中掙扎著。一切都像在做噩夢，而只有這只箱子是實在的，是這只箱子在支撐著他們的身軀！否則他們要全倒下了。

他們互相監視著，不准任何人單獨亂動這只箱子。

在最艱難的時候，他們想到了未來的報酬是多少，當然，有了比金子還重要的東西……

終於有一天，綠色的屏障突然拉開，他們經過千辛萬苦終於走出了叢林。四個人急忙著找到麥克唐納教授，迫不及待地問起應得的報酬。

教授似乎沒聽懂，只是無可奈何把手一攤，說道：「我是一無所有啊！哦，或許箱子裏有什麼寶貝呢！」

於是當著四個人的面，教授打開了箱子。

大家一看，都傻了眼，竟然是滿滿一堆無用的木頭！

「這開的是什麼玩笑？」約翰說。

「屁錢都不值，我早就看出那傢伙有神經病！」吉姆吼道，「比金子還貴重的報酬在哪裡？我們上當了！」麥克里斯憤怒地嚷著。

此刻，只有巴里一聲不吭，他想起了他們剛走出的叢林裏，到處是一堆一堆探險者的白骨，他想起了如果沒有這只箱子，他們四個人或許早就倒下去了……巴里站起來，對夥伴們大聲說：

「你們不要再抱怨了。我們得到了比金子還貴重的東西，那就是生命！」

簡單道理

在這個世上，有比金子更貴重的東西，那就是生命。因為，金錢是有價的，但生命是無價的——每個人的生命只有一次，如果失去了生命，我們就會失去了一切。所以，我們要倍加珍惜自己的生命。

即使在生活的最低谷，也要挺起胸膛做人

七十多年前，一位挪威青年男子漂洋來到法國，他要報考著名的巴黎音樂學院。考試的時候，儘管他竭力將自己的水準發揮到最佳狀態，但主考官還是沒能看中他。

身無分文的青年男子來到學院外不遠處一條繁華的街上，勒緊褲帶在一棵榕樹下拉起了手中的琴。他拉了一曲又一曲，吸引了無數人的駐足聆聽。饑餓的青年男子最後捧起自己的琴盒，圍觀的人們紛紛掏出錢放入琴盒。

一個無賴鄙夷地將錢扔在青年男子的腳下。青年男子看了看無賴，最後彎下腰拾起地上的錢遞給無賴說：「先生，您的錢掉在了地上。」

無賴接過錢，重新扔在青年男子的腳下，再次傲慢地說：「這錢已經是你的了，你必須收下！」

青年男子再次看了看無賴，深深地對他鞠了個躬說：「先生，謝謝您的資助！剛才您掉了錢，我彎腰為您撿起。現在我的錢掉在了地上，麻煩您也為我撿起！」

無賴被青年男子出乎意料的舉動震撼了，最後撿起地上的錢放入青年男子的琴盒，然後一溜煙地走了。

圍觀者中有雙眼睛一直默默關注著青年男子，原來是剛才的那位主考官。他將青年男子帶回學院，最後錄取了他。

這位青年男子叫比爾．撒丁，後來成為挪威小有名氣的音樂家，他的代表作是：《挺起你的胸膛》。

簡單道理

當我們陷入生活最谷底的時候，往往會招致許多來自別人的蔑視，甚至會有人侵犯你的尊嚴。這時，我們也要挺起胸膛做人－以一種寬容的心態去展示並維護我們的尊嚴。

可以輸掉一場比賽，但不可以輸掉人格

一場世界職業拳王爭霸賽正在進行。

比賽的是兩個美國職業拳手，年長的是三十五歲的卡非拉，年輕的是二十八歲的巴雷拉。上半場兩人打了六個回合，實力相當，勝負難分。在下半場第七個回合中，巴雷拉接連擊中老將卡非拉的頭部，使他鼻青臉腫。

短暫的休息時，巴雷拉真誠地向卡非拉致歉，他先用自己手中乾淨的毛巾一點一點擦去卡非拉臉上的血跡，然後把礦泉水灑在卡非拉頭上，一臉歉意，那神情彷彿受傷的是自己。接下來兩人繼續交手。也許是年紀大了，也許是體力不支，卡非拉一次又一次被巴雷拉擊中後倒在地上。

按規則，對手被打倒在地上後，由裁判連喊三聲，如倒地的拳手爬不起來則對手獲勝。卡非拉掙扎著起身，裁判開始報數：一、二、三，當三還沒出口，巴雷拉一把把卡非拉拉了起來。裁判感到很吃驚，這樣的舉動在拳擊場上很少見。巴雷拉向裁判解釋說：「我犯規了，只是你沒有看見，這局不算我贏。」扶起卡非拉後，他們微笑著擊掌，繼續交戰。

最終，卡非拉以一〇八：一一〇的成績負於巴雷拉。觀眾潮水般湧向巴雷拉，向他獻花、致敬、送禮物。巴雷拉撥開人群直接走向被冷落的老將卡非拉，他把鮮花送給了卡非拉。兩人緊緊地抱在一起，相互親吻被擊中的部位，儼然是一對親兄弟。卡非拉真誠地向巴雷拉祝賀，一臉由衷的笑容。他握住巴雷拉的手高高舉過頭頂，向全場觀眾致敬。

有評論家對此有如下評論：「卡非拉雖然敗了，但敗得很有風度；巴雷拉贏了，但贏得很大氣度。」兩個人一個敗在拳術上，一個贏在人格上。但是，他們都贏了，在人格上。

簡單道理

人生就是一場競爭比賽，在這場賽事中，要保持一種風度。如果對手贏了，不妨給對手以掌聲。這樣，雖然在技能上輸了，但在人格上卻是贏了。其實，這也是一種成功。

一個人最大的驕傲，是發現並造就了人才

穆律羅是十七世紀西班牙最有名的畫家和貴族。在他眾多的奴僕中有一名叫塞伯斯迪的年輕奴僕，對畫畫有種與生具來的喜好。穆律羅給學生上課時，塞伯斯迪就在一旁偷偷地學習。

一天晚上，塞伯斯迪一時興起竟然在主人的畫室裏畫起畫來，以至於穆律羅和他的貴族朋友出現，他都沒有發現，穆律羅並沒有驚動塞伯斯迪，而是靜靜地望著他筆下優美的線條出神。塞伯斯迪畫完最後一筆，這才發現身後的主人，他慌忙跪下，在那個等級森嚴的年代，塞伯斯迪是可以因此而被主人處死的。

這事成了貴族們津津樂道的話題，就在他們紛紛猜測穆律羅會以何種方式嚴懲他的奴隸時，他們卻聽到了一個令人震驚的消息，穆律羅不僅給了塞伯斯迪自由，而且還收他做了自己的弟子。

這在貴族們是絕不允許的，他們開始疏遠穆律羅，也不再去買他的畫，貴族們都說穆律羅是個十足的傻瓜。

穆律羅對此卻不以為然，他聽了只是笑著說：「那些傻瓜又怎麼能明白，塞伯斯迪將會是我穆律羅最大的驕傲。」

三百年後，一位歷史學家在寫到這個故事時，補充了兩點：

一、事實證明，改變一個人命運的，往往是他自身的才華，塞伯斯迪證實了這一點。

二、一個受後人尊敬的人，不僅僅是他的傳世作品，更重要的是他的品格，穆律羅正是如此。

而在義大利的館藏中，塞伯斯迪的作品與他恩師穆律羅的名畫擺在同等重要的位置，都是價值連城。

義大利人是這樣看待這件事的：他們是十七世紀最傑出的兩位畫家，他們是師徒，都很偉大，那些說穆律羅是傻瓜而沒有買他的畫的人，才讓人覺得是多麼的淺薄。

簡單道理

世界上有才華的人到處都是，但大多數都是默默無聞者，其中一個很重要的原因是，沒有被別人發現和挖掘。如果一個人能夠發現並造就人才，這本身就是一種成功，也會成為他最大的驕傲。

有多少的金錢，就會產生多大的慾望

一位心理學教授帶著學生，就人們對金錢的慾望進行調查。

一天，他們來到街上，正好看到向過往的行人要錢的乞丐，就確定他為調查的事件。說明來意，講清楚報酬後，他們對乞丐提出了明確的要求：對提出的問題要確實的回答，心裏怎麼想，嘴巴就怎麼回答，如果我們認定是說假話，將酌情從報酬中扣除。乞丐滿口答應。

教授問的第一個問題是：「如果你現在有十元，你最想做的是什麼？」乞丐立即回答：「我先跑到熟食店買一隻燒雞，兩瓶啤酒，找個僻靜的角落，吃喝個夠，再曬著太陽睡上一覺。」

「如果現在你有一百元呢？」，乞丐答道：「買上兩隻燒雞，三瓶啤酒，把在地鐵入口要錢的老伴叫來，好好地吃上一頓。然後找個招待所，痛痛快快地洗個澡，再舒服的睡上一覺。」

「如果現在你有一千元呢？」乞丐一愣，接著很難為情地回答說：「可是我從小到現在從來沒有過一千元呢。」教授很嚴肅地說：「現在是假如，讓你說的是假如。」「那我先要買上一套很好的衣服，像你們一樣體體面面地走在大街上，四處逛逛，看看風景，不再睡在街頭了，讓警察問來問去，連個好覺也睡不上。」乞丐很心酸地回答。

「如果現在你有一萬元呢？」乞丐立即來了精神，頭一昂高興地回答說：「我立即回老家，蓋上新房子，買一塊好地，春夏種種莊稼，冬來打打小牌。」

「如果現在你有十萬元呢？」教授急切地問他。乞丐微微一愣，繼而滿臉發光，幸福頓時溢滿臉龐，喜孜孜走到教授身旁，悄悄地說：「和城裏的有錢人一樣，穿金戴銀，住別墅，開小車，帶情人到歌廳唱唱歌，看天下有什麼樂事，我都想嘗嘗。」

教授和學生們聽了乞丐的話都面面相覷，隨即教授給了乞丐一百元作為報酬。可是乞丐接過錢並沒像他說的那樣，立即奔向熟食店，而是笑眯眯地看著教授，彷彿在問還有什麼問題，還能給多少錢？

簡單道理

在現實生活中，金錢和慾望往往是緊密相連的，金錢是水，慾望是船；水落船低，水漲船高。有多少金錢，就會產生多大的慾望，這是一般人的心理。如果你想超越一般人，就要拋棄這種慾望無邊的心理。

死亡並不可怕，可怕的是貪婪

有三位年輕人在一個小鎮上看到一支送葬的隊伍。他們打聽到死者原來是他們的兩位朋友：一位叫「友誼」，一位叫「快樂」，他們被一個外號叫「死亡」的人謀殺了。三位中一位年齡最小的人對他的兩個朋友說：這個外號叫「死亡」的傢伙到底是誰？我們一起去找他，為我們的朋友報仇！

半路上，他們遇上了幾位神色慌張的人，其中一位老太太告訴他們，「死亡」正在追趕他們，必須趕快逃走，否則便會被殺害，並勸年輕人也一起逃走，如果遇上「死亡」便會沒命。他們告訴老太太，他們就是要來殺「死亡」的。在他們的再三要求下，老太太告訴他們，「死亡」就在小村子後面那座山的山頂上的一棵老橡樹下。

他們三人興奮地向山頂走去，並拿出隨身攜帶的尖刀，隨時準備捕殺「死亡」，但出乎意料的是，當他們高度戒備地來到那棵老橡樹下時，並沒有看到想像中的面目猙獰的「死亡」，卻發現一箱金光閃閃的金幣。他們馬上丟下尖刀，欣喜若狂地數起金幣來，把尋找「死亡」的事忘得一乾二淨。那個領頭的年輕人說：「我們必須守住這些金幣，否則會被認為是偷來的而被抓進監獄。這樣吧，我們來抽籤，誰的籤最短，誰就去鎮上買吃的，另外兩個人就留下來守住這金幣，明天我們就把金幣分了各奔東西。」最年輕的小伙子抽到了那支最短的籤，於是他拿著幾塊金幣到小鎮上買吃的去了。

兩個守著金幣的年輕人各懷鬼胎，最後他們兩人想出一個共同的計劃：等他們的朋友帶著吃的回來時，把他殺掉，然後吃掉食物，再把本該分成三份的金幣分成兩份。那個買吃的年輕人走進小鎮時則想：如果在這些吃的食物裏放進毒藥，那麼，那些金幣就可以歸我一人所有。

於是，他先吃飽了，然後在食物和飲料裏放進一種無色無味的烈性毒藥，並於當晚回到朋友身邊。不料他剛回來，便被兩個朋友殺害了。他們得意地吃著同伴買回的食物和飲料，幾分鐘後，他們兩人也中毒身亡。

他們怎麼也沒有想到，他們也會像他們的朋友「友誼」、「快樂」那樣被「死亡」殺害。更想不到的是：殺害他們的「死亡」，其實是蘊藏在金幣後面的貪婪。

簡單道理

死亡和貪婪常常結伴而行，死亡並不可怕，因為人終究會有一死，誰也無法逃避；但貪婪是可怕的，如果貪婪在作祟，無論是友誼、快樂還是生命，都會走向死亡。

只有誠實守信，才能贏得信任和尊敬

福克斯是美國歷史上著名的政治家，他以誠實和信用立身，贏得了別人的尊敬，團結了許多公民。

但當時政壇上充滿了欺騙，公民對政治並不感興趣，他們認為政治就是撒謊，沒有人比政客更會撒謊了。所以，仍有許多公民對福克斯的演說持懷疑態度。

一次，福克斯受邀參加大學的演講，有大學生問他：「你在從政的道路上有沒有撒過謊？」

福克斯說：「不，從來沒有。」

大學生在下面竊竊私語，有的還輕聲笑出聲來，因為每一個政客都會這樣表白。他們總是發誓，自己從來沒有撒過謊。

福克斯並不煩惱，他對大學生說：「孩子們，在這個社會上，也許我很難證明自己是個誠實的人，但是你們應該相信這個世界上還有誠實，它永遠都在我們的周圍。我想講一個故事，也許你們聽過了就忘了，但是這個故事對我是很有意義的。」

有一位父親是位紳士，有一天，他覺得園中的那座舊亭子應該拆了，於是讓工人把亭子拆了。而他的孩子對拆亭子很感興趣，便對他父親說：「爸爸，我想看看怎麼拆掉這座舊亭子，等我從寄宿學校放假回來再拆好嗎？」

父親答應了。孩子上學後，工人卻很快的把舊亭子給拆了。

孩子放假回來後，發現舊亭子已經被拆除了，他悶悶不樂。他對父親說：「爸爸，你對我撒謊了。」

父親驚訝地看著孩子。孩子說：「你說過的，那座舊亭子要等我回來才拆。」

父親說：「孩子，爸爸錯了，我應該實現自己的諾言。」

父親很快召集來了工人，讓他們按照舊亭子的模樣重新在原地建造一座。

亭子造好後，他叫來了孩子，對工人們說：「現在，你們開始拆這座亭子。」

福克斯說，我認識這位父親和孩子，這位父親並不富有，但是他卻為孩子實現了自己的諾言。

大學生們問：「請問這位父親叫什麼名字，我們希望認識他。」

福克斯說：「他已經過世了，但是他的兒子還活著。」

「那麼，他的孩子在哪裡？他應該是一位誠實的人。」大學生們問。

福克斯平靜地說：「他的孩子現在就站在這裡，就是我。」福克斯接著說，「我想說的是，我願意像父親一樣，為自己的諾言為你們拆一座亭子。」

言畢，台下掌聲雷動。

簡單道理

誠實守信是一個人的立身之本，恪守誠信的人，無論身在何處，都會受到別人的歡迎，都會贏得別人的信任和尊敬，我們也願意和這種人交往。所以，若想贏得別人的信任和尊敬，就要做一個誠實守信的人—不撒謊，自己說過的話要算數，許下的諾言要兌現。

不要一味追尋，要善於發現和珍惜

有一天，樵夫跟平常一樣上山砍柴，在路上撿到一隻受傷的銀鳥，銀鳥全身包裹著閃閃發光的銀色羽毛，樵夫欣喜地說：「啊！我一輩子從來沒有看過這麼漂亮的鳥！」於是把銀鳥帶回家，細心的替銀鳥療傷。

在療傷的日子裏，銀鳥每天唱歌給樵夫聽，樵夫過著快樂的日子。

有一天，鄰人看到樵夫的銀鳥，告訴樵夫他看過金鳥，金鳥比銀鳥漂亮上千倍，而且，歌也唱得比銀鳥更好聽。樵夫想，原來還有金鳥啊！

從此樵夫每天只想著金鳥，也不再仔細聆聽銀鳥清脆的歌聲，日子越來越不快樂。

有一天，樵夫坐在門外，望著金黃的夕陽，想著金鳥到底有多美。此時，銀鳥的傷已康復，準備離去。銀鳥飛到樵夫的身旁，最後一次唱歌給樵夫聽，樵夫聽完，只是很感慨地說：「你的歌聲雖然好聽，但是比不上金鳥；你的羽毛雖然很漂亮，但是比不上金鳥的美麗。」

銀鳥唱完歌，在樵夫身旁繞了三圈告別，向金黃的夕陽飛去。

樵夫望著銀鳥，突然發現銀鳥在夕陽的照射下，變成了美麗的金鳥。夢寐以求的金鳥，就在那裡。只是，金鳥已經飛走了，飛得遠遠的，再也不會回來了。

在很多時候，愛情、快樂、機遇、成功等，對於我們來說，就像這個故事一樣。

簡單道理

一味追尋的東西未必能得到，甚至可能一輩子都得不到。人生中，有許多美好的東西，不在於追尋，而在於發現和珍惜，比如，愛情、快樂、機遇、成功等，或許它們就在我們的身邊。

種下什麼樣的種子，就會結什麼樣的果

一個成功的富商和一個罪犯回憶他們的童年，都提到了相似的一件事。

犯人說：「小時候，媽媽給我和弟弟買了兩雙鞋子，一雙是布鞋一雙是皮鞋。媽媽問我們，你們想要哪一雙？我一看那雙皮鞋，好漂亮，我非常想要。可是弟弟搶先喊：我要皮鞋！」媽媽看了他一眼，對他說：「好孩子要學會謙讓，不能總把好的留給自己。」於是我心裏一動，改口說：「媽，我要布鞋好了。」媽媽聽了很高興，就把那雙皮鞋給了我。我得到我想要的東西，也從此學會了撒謊。以後，為了得到每一件我想得到的東西，我都不擇手段，直到我進了監獄。

成功的富商說：「小時候，媽媽給我和弟弟買了兩顆芒果，有一顆比較大。媽媽問我們，你們想要哪一顆？」我一看那顆大的芒果很好吃的樣子，我非常想要。可是弟弟搶先說：「我要大的！」於是我就跟媽媽說：「媽媽，我和弟弟都是你的孩子，我們應該比賽得到那顆大的芒果，因為我也想要大的。」

於是我和弟弟開始比賽。我們把家門外的木柴分成兩組，誰先劈好誰就有權得到大的芒果，最後，我贏了。以後，為了得到每一件我想得到的東西，我都會努力爭取，因為我知道經由努力，就能得到獎賞。

簡單道理

種瓜得瓜，種豆得豆；種下什麼樣的種子，就會結什麼樣的果。人生也是如此，在心中種下歪念，就會自食其苦果；在心中種下良念，就會結出甜美的甘果。

無論是誰，都必須有一樣是出色的

很久以前，德國一家電視台推出高薪徵集「十秒鐘驚險鏡頭」活動。在眾多的參賽作品中，一個名叫「臥倒」的鏡頭以絕對的優勢奪得了冠軍。

拍攝這十秒鐘鏡頭的人，是一個名不見經傳剛剛踏入工作崗位的年輕人，而其他參賽選手多是一些在圈內很有名氣的人，所以這個十秒鐘鏡頭一時引起轟動。幾個星期以後，獲獎作品在電視的強檔節目中播出。那天晚上，很多人都坐在電視機旁觀看了這個鏡頭，十秒鐘後，每一雙眼睛裏都是淚水，可以毫不誇張地說，德國在那十秒鐘後，足足肅靜了十分鐘。

鏡頭是這樣的：在一個小火車站，一個扳道工人正走向自己的崗位，去為一列徐徐而來的火車扳動道岔。這時在鐵軌的另一頭，還有一列火車從相反的方向駛近小站。假如他不及時扳動道岔，兩列火車必定相撞，會造成不可估計的損失。

這時，他無意中回過頭一看，發現自己的兒子正在鐵軌那一端玩耍，而那列開始進站的火車就行駛在這條鐵軌上。

搶救兒子或避免一場災難─他可以選擇的時間太少了。那一刻，他威嚴地朝向兒子喊了一聲：「臥倒？」同時，衝過去扳動了道岔。

一眨眼的時間，這列火車進入了預定的軌道。另一邊，火車也呼嘯而過。車上的旅客絲毫不知道，他們的生命曾經千鈞一髮，他們也絲毫不知道，一個小生命臥倒在鐵軌邊上─火車轟鳴著駛過鐵軌，而小孩子卻毫髮無傷。這一幕剛好被一個從此經過的記者攝入鏡頭中。

人們猜測，那個扳道工人一定是一個非常優秀的人。後來，人們才知道，那個扳道工人只是一個普普通通的人。許多記者在進一步的採訪中瞭解到，他唯一的優點就是忠於職守，從沒遲到、早退、曠工或誤工過一秒鐘。

這個消息幾乎震住了每一個人，而更讓人意想不到的是，他的兒子是一個弱智兒童。他告訴記者，他曾一遍一遍地告誡兒子說：「你長大後能做的工作太少了，你必須有一樣是出色的。」兒子聽不懂父親的話，依然傻呼呼的，但在生命攸關的那一秒鐘，他卻「臥倒」了─這是他在跟父親玩打仗遊戲時，唯一聽懂並做得最出色的動作。

簡單道理

這世上沒有全才，我們不可能每一樣都做得很出色，但至少有一樣必須是出色的，也就是說，必須有一樣能拿得出手。這往往就是我們成功的起點，甚至可以化解面臨的危機。

金錢只認得金錢，它不會認得人

在美國著名的《財富》期刊上，曾經在封面登過一位年僅十九歲的年輕人的照片。

他叫詹森．斯維斯彭，一位網站擁有者。他因為在投資家的資助下推出一個名叫「心想事成」的網站而一舉成名，在短短幾個月內，網頁的瀏覽量達到了九百萬人次。

這在美國是絕無僅有的，有人驚嘆的說：「難道他是下一個比爾．蓋茲嗎？」

詹森在網站上收益了上億美元的資金，成為美國的一位網路新貴。

他陷入了巨大的成功之中，認為自己有著非凡的能力，也能做到任何一切事情。在當時許多人認為這絕不是狂言，因為他的年齡和成就甚至超過了當年的比爾．蓋茲。有不少預言家也斷定他必然會累積巨大的財富，成為類似於比爾．蓋茲那樣的影響全球的人物。

不久，美國許多金融機構主動向他提供貸款，給予巨大的財力支援，他的公司很快上市了。財富的累積量像雪球一樣越滾越大，從原來的一億多美元擴增到二十六億美元。

這簡直就是一個財富神話。

他成了美女、媒體追逐的人物，他和世界級的超級名模拍拖約會，和大量的媒體接觸，甚至準備拍一部反映他的創業史的電影。他的生活也極盡奢華，他一共花掉了三．二四億美元。

不久，美國股市風雲突變，詹森公司的股票從原來的每股一六八美元狂跌到二美元，公司被宣布破產。

僅僅兩年後，他變成了一個身無分文的普通人。那些曾經和他熱戀的名模和像蒼蠅一樣追逐他的電影公司全都不見了。

後來，詹森四處籌款準備東山再起，但是他發現，原來借錢竟然是如此困難。沒有一家公司和金融機構願意借錢給他，這讓他覺得不可思議。

最後，他從他的叔叔那裡借到了錢，他又註冊了一個網站，但風光不再。

詹森說：「經過這些事，我終於明白了，金錢只認得金錢，它不會認得人。以前我失敗的原因是，我總認為金錢是認得我的。」

對於這位年輕人的大起大落，有媒體評論說：這位二十歲的年輕人，以後可以成為一位哲學家。

簡單道理

在擁有了很多金錢後，應該保持一種清醒的狀態，尤其是不要過於猖狂，否則，得到的金錢也會很快失去，因為，金錢只認得金錢，它不會認得人。

真正的朋友不需多，
一個半就已足夠

一次判斷失誤，往往會導致一樁憾事

很多年前，哈佛的校長為一次錯誤判斷，付出了很大的代價。

一對老夫婦，女的穿著一套褪色的條紋棉布衣服，而她的丈夫則穿著布製的便宜西裝，在沒有事先約好，就直接去拜訪哈佛的校長。

校長的秘書在片刻間，就斷定這兩個鄉下土包子根本不可能與哈佛有業務上的來往。

先生輕聲地說：「我們要見校長。」

秘書很有禮貌地說：「他整天都很忙！」

女士回答說：「沒關係，我們可以等。」過了幾個鐘頭，秘書一直不理他們，希望他們能知難而退，自己離開，但他們卻一直在那裡等。

秘書終於決定通知校長：「也許他們跟您講幾句話就會離開。」

校長不耐煩地同意了。

校長很有尊嚴而且心不甘情不願地面對這對夫婦。

女士告訴他：「我們有一個兒子曾經在哈佛讀過一年，他很喜歡哈佛，他在哈佛的生活很快樂。但是去年，他出了意外而死亡。我丈夫和我想在校園裏為他留下一個紀念物。」

校長並沒有被感動，反而覺得很可笑，大聲地說：「夫人，我們不能為每一位曾讀過哈佛後，死亡的人建立雕像的。如果我們這樣做，我們的校園看起來會像墓園一樣。」

女士說：「不是，我們不是要豎立一座雕像，我們想要捐一棟大樓給哈佛。」

校長仔細地看了一下條紋棉布衣服及粗布便宜西裝，然後吐了一口氣說：「你們知不知道建一棟大樓要花多少錢？我們學校的建築物超過七百五十萬美元。」

這時，這位女士沈默不講話了。校長很高興，總算可以把他們打發了。

這位女士轉向她丈夫說：「只要七百五十萬就可以建一座大樓？那我們為什麼不建一座大學來紀念我們的兒子？」

就這樣，史丹福夫婦離開了哈佛，到了加州，成立了史丹福大學來紀念他們的兒子。

簡單道理

在判斷事物時，不可只憑自己的直覺而斷定，更不要沒有弄清真相時就妄自定論。因為，一次判斷失誤，往往就會導致一樁憾事。

無論是否已踏入社會，都應明白學無止境

這是美國東部一所大學期末考試的最後一天。在教學樓的台階上，一群工程學高年級的學生擠成一團，正在討論幾分鐘後就要開始的考試，他們的臉上充滿了自信。這是他們參加畢業典禮和工作之前的最後一次測驗了。

一些人在談論他們現在已經找到的工作，另外一些人則談論他們將會得到的工作。帶著經過四年的大學學習所獲得的自信，他們感覺自己已經準備好了，並且能夠征服整個世界。

他們知道，這場即將到來的測驗將會很快結束，因為教授說過，他們可以帶他們想帶的任何書或筆記。要求只有一個，就是他們不能在測驗的時候交頭接耳。

他們興高采烈地衝進教室，教授把試卷分發下去。當學生們注意到只有五道評論類型的問題時，臉上的笑容更加擴大了。

三個小時過去了，教授開始收試卷。學生們看起來不再有自信了，他們的臉上是一種恐懼的表情。沒有一個人說話，教授手裏拿著試卷，面對著整個班級。

手來。

他俯視著眼前那一張張焦急的臉孔，然後問說：「完成五道題目的有多少人？」沒有人舉起

「完成四道題的有多少？」仍然沒有人舉手。

「三道題？兩道題？」學生們開始有些不安，在座位上扭來扭去。

那一道題呢？當然有人完成一道題的。但是整個教室仍然很沈默。

教授放下試卷，「這正是我期望得到的結果。」他說，「我只想要給你們留下一個深刻的印象，即使你們已經完成了四年的工程學習，關於這項科目仍然有很多的東西你們還不知道。這些你們不能回答的問題，是與每天的生活實踐相聯繫的。」然後他微笑著補充說：「你們都會通過這個課程，但是記住——即使你們現在已是大學畢業生了，你們的教育仍然還只是剛剛開始。」

隨著時間的流逝，教授的名字已經被遺忘了，但是他教的這堂課卻沒有被學生們遺忘掉。

簡單道理

這個世界上，我們所能知道和掌握的知識僅是很少的一部分。無論是否已踏入社會，都應明白學無止境的道理。在生活和工作中，都應保持謙虛的態度，抓住可以學習的機會再學習。

你最好的朋友，往往最有可能害你

一個人在山路上撿到一隻幼小的獅子，便抱回家餵養。他對獅子無微不至，給牠餵以精美的食物，給牠梳毛，給牠洗澡。獅子對他也親密無間，扒在他的肩膀，舔他的手腳，陪他散步，和他戲耍。獅子在他的懷中漸漸長大，長成了一隻威猛的雄獅，但溫順的如一條家狗。

有一天他突發奇想：騎著獅子旅遊。於是他騎上了獅子，踏上了旅程。一路上獅子很聽話，平穩地馱著他。所到之處人們對他夾道喝采，他更神氣了。

路上有人問他：「獅子不會吃你嗎？」他說：「那怎麼可能呢！」

路上有條狗問獅子：「你怎麼不吃他？」獅子說：「那怎麼可能呢！」

有一天他們要穿過一片沙漠，路上遇到了強風，水和食物都被吹走了。他在痛心之時也去安慰獅子：「朋友忍著點，等過了沙漠，我讓你飽餐一頓。」並跳下來步行。一天過去了，獅子餓得圍著他打轉；二天過去了，獅子餓得舔他的手腳；三天過去了，獅子對他進行了輕輕的撕咬；四天過去了，獅子向他齜起了牙齒；第五天，饑餓的獅子向他瞪起了血紅的眼睛，在他正要上前撫摸牠時，獅子奮力一縱將他撲倒，瞬間把他撕咬成了碎片。至死他都不明白，獅子怎麼會吃了他呢？

簡單道理

世間的友誼，有些是建立在飽暖基礎上的，吃飽穿暖的親密無間的朋友，生死存亡的時候便會露出兇殘的本質—被你視為親密無間的朋友，有時常常能給你致命的一擊。

真正的朋友不需多，一個半就已足夠

從前有一個仗義廣交天下豪傑的武夫，他臨終前對他的兒子說：「別看我自小在江湖闖蕩，結交的人如過江之鯽，其實我這一生就交了一個半朋友。」

兒子納悶不已。他的父親就貼近他的耳朵交代一番，然後對他說：「你照我說的去見我的一個半朋友，朋友的定義你自然會懂得。」

兒子先去了父親認定的「一個朋友」那裡。對他說：「我是某某的兒子，現在正被朝廷追殺，情急之下投身你處，希望予以搭救！」這人一聽，容不得思索，趕忙叫來自己的兒子，喝令兒子速速將衣服換下，穿上這個並不相識的「朝廷要犯」身上，而讓自己的兒子穿上「朝廷要犯」的衣服。

兒子明白了：在你生死攸關的時候，那個能與你肝膽相照，甚至不惜割捨自己的親生骨肉來搭救你的人，可以稱做你的一個朋友。

兒子又去了他父親說的「半個朋友」那裡，抱拳相求把同樣的話說了一遍。這「半個朋友」

聽了，對眼前這個求救的「朝廷要犯」說：「孩子，這等大事我可救不了你，我這裡給你足夠的盤纏，你遠走高飛快快逃命，我保證不會告發你……」

兒子明白了：在你患難時刻，那個能夠明哲保身、不落井下石加害你的人，可稱做你的半個朋友。

簡單道理

我們每個人都有很多朋友，但卻感嘆，沒有幾個真正的朋友。其實，真正的朋友不需要多，只需要一個半在你危難之時，能夠與你交換性命或不落井下石的朋友，就已足夠。

如果能發現自己，你就是自己的聖人

一九四七年，美孚石油公司董事長貝里奇到南非開普敦巡視工作，在洗手間裏，看到一位黑人小伙子正跪在地板上擦水漬，並且每擦完一塊地板，就虔誠地叩一下頭。貝里奇感到很奇怪，問他為何如此？黑人答，在感謝一位聖人。

貝里奇很為自己的分公司擁有這樣的員工感到欣慰，問他為何要感謝那位聖人？黑人說，是聖人幫著我找了這份工作，讓他終於有了飯吃。

貝里奇笑著說：我曾遇到一位聖人，他使我成為美孚石油公司的董事長，你願意見他一下嗎？黑人說，我是位孤兒，從小靠錫克教會撫養，我很想報答養育之恩，這位聖人若使我吃飯之後，還有餘錢了卻心願，我願去拜訪他。

貝里奇說，你一定知道，南非有一座很有名的山，叫大溫特胡克山。據我所知，那上面住著一位聖人，能為人指點迷津，凡是能遇到他的人都會前程似錦。二十年前，我來南非登上過那座山，正巧遇到他，並得到他的指點。假如你願意去拜訪，我可以向你的經理說情，准你一個月的假。

這位年輕的黑人在三十天時間，一路披荊斬棘，風餐露宿，過草叢，穿森林，歷經艱辛，終於登上了白雪覆蓋的大溫特胡克山，他在山頂徘徊了一天，除了自己，什麼都沒有遇到。

年輕黑人很失望地回來了，他遇到貝里奇後說的第一句話是：「董事長先生，一路上我處處留意，直到山頂，我發現，除了我之外，並沒有什麼聖人。」

貝里奇說：「你說得很對，除了你之外，根本沒有什麼聖人。」

二十年後，這位年輕黑人當上了美孚石油公司開普敦分公司的總經理，他的名字叫賈姆訥。二〇〇〇年，世界經濟論壇大會在上海召開，他作為美孚石油公司的代表參加了大會。在一次記者招待會上，針對自己傳奇的一生，他說了這麼一句話：「你發現自己的那一天，就是你遇到聖人的時候。」

簡單道理

我們往往能發現和看清別人，卻不能發現和看清自己，於是相信某些人是聖人。其實，這個世界上沒有什麼聖人，如果有的話，這個人就是我們自己，當然，你必須要先發現自己。

苦苦尋求暴富，不如依靠累積致富

兄弟二人長大了。做了一輩子農活的父親說：「我們這裡人多地少，飽食不容易，將來媳婦都難找，你們還是出去闖一闖吧！懷揣父親分發的一千元，兄弟二人平分後出發了。他們在村頭相約：看誰先賺到一萬元。」

春節回家，弟弟喜孜孜地拿出一本存摺：不到一年，他賺了一萬多元。哥哥也有一本存摺，但餘額不足三千元。原來，弟弟東奔西跑與人販兔毛，看準了市場；而哥哥在幫人打工學習養殖技術。再次出發時，弟弟豪情滿懷：一年後，看誰先賺到五萬元！

一年後，弟弟又勝利了。哥哥的存摺不足五千元，而弟弟的數字是哥哥的七倍多。父親還是公正的：不管你們賺多少，在我看來都有很大的進步，我也就放心了。

三年後，哥哥回鄉自己搞養殖場，在這塊地方，他的行為領潮流之先。而弟弟在市場上奔波數年，已練就一身小販的本事。

又三年，哥哥的養殖事業穩步發展，在當地頗有影響，他不僅靠售賣水產賺錢，還透過培訓、指導別人的養殖技術而獲利。但這三年裏，弟弟在市場上多次受挫，時賺時賠，目標不斷變換，進展不大。

當哥哥成為百萬富翁，在城裏開公司時，弟弟終於厭倦了東奔西跑的生活。哥哥邀請他到自己公司做銷售經理，弟弟一口答應。

一次與父親共進晚餐時，他們談起這些年的經歷。父親說：「看來，種田靠天，做買賣，要靠運氣啊！」

哥哥搖搖頭說：「其實，更重要的是心態。我一直依靠累積，而弟弟總尋求暴富。」

簡單道理

尋求暴富固然是獲取財富的一種方法，但成功的機率卻小得可憐，即使真的暴富起來，暴衰的機率卻很大。靠累積獲取財富是最有效的方法，這是一個由少到多、由小變大的過程，符合事物發展的一般規律。

吸取別人的教訓，認真做好自己的事

一位雕刻家得到一塊質地非常精美的大理石，他覺得大理石非常適合雕刻一個人像，於是，他拿起了鑿子。不知道是因為緊張還是用力過重，只那麼一鑿，他就敲下了一大塊碎屑。

雕刻家立刻停了下來，經過三天思索，他決定放棄構思好的雕像，因為他意識到自己難以駕馭這塊寶貴的石材。

後來，這塊大理石被贈送給雕刻家米開朗基羅。米開朗基羅用這塊大理石雕刻出曠世傑作——大衛像。

細心的觀賞者指著大衛背上的一道明顯的傷痕，為其不能百分之百的完美而略感惋惜，並感慨先前的那位雕刻家有些冒失。

米開朗基羅糾正說：「那位先生已經相當慎重了，如果他冒失草率的話，這塊特別的石材早就不復存在了，而我的大衛像也就無從產生了。」

「這麼說，你還要感謝那位雕刻家？」有人困惑不解了。

「是的，我要感謝他難得的認真，他的雕刻和放棄都是極其認真的。另外，我還要感謝他留下的那塊傷痕，它無時無刻不在提醒著我，讓我的每一刀每一鑿都千百倍地細心，不能有絲毫的疏忽大意。」

米開朗基羅充滿敬意地道出了他獲得成功的一個秘訣—吸取別人的教訓，以最大的認真去做好手頭上的每一件事。

簡單道理

吸取別人的教訓，能使我們避免失誤或失敗；認真做好自己的每一件事，是一種嚴謹負責的做事態度。避開了成功道路上的誤區，加上認真做事的態度，成功就會在不遠處等著你。

只要心中存有希望，
往往就會創造奇蹟

每個人都知道的風險，恰好就是最小的風險

一九四五年，一位二十一歲的匈牙利青年，身上只帶了五美元到美國闖天下，二十年後，他成為百萬富翁。

他曾經非常自豪地說：「我沒有做過一筆賠錢的交易，也沒有一次失敗的經營」。他就是羅・道密爾，一個在美國工藝品和玩具業富有傳奇性的人物。那麼，他怎樣才取得成功的呢？下面的例子很能說明問題。

二十世紀五〇年代，道密爾買下了一家瀕臨倒閉的玩具公司。當時他發現成本太高是這家玩具工廠失敗的主要原因，於是決定提高工作產量以降低成本。道密爾規定：凡是製作工人所用的工具、材料，一定都要放在最順手的地方，要用時，一伸手就可以拿到。這樣一來，操作機器的工人，不必再為等材料、找工具耽擱時間，無形中節省了很多時間。

他的另外一個規定是：在工作中，不准吸煙，但每隔一個半小時，准許全體休息十五分鐘。因為他發現叼著煙工作，進度非常慢，而且有很多人藉由抽煙來偷懶。

這兩項規定執行以後，在機器沒有增加，人員減少的情況下，產量增加了百分之五十。

有人曾經問道密爾，為什麼總愛收購一些失敗的企業來經營？因為這是有風險的。道密爾的回答很妙：「別人經營失敗的生意，接過來後容易找出失敗的原因，因為缺陷比較明顯，只要把那些缺點改正過來，自然就賺錢了。這要比自己從頭做一種生意省力很多，風險也小得多。」

簡單道理

風險無處不在，有的人在風險面前退縮，而有的人卻「偏向虎山行」，而最後成功的都是後者。我們要知道，每個人都知道的風險，恰好沒有風險，因為這種風險很容易避免。

不要為了向外界妥協，而抹殺了自己的才華

一生為債務所困的巴爾扎克，為了使作品臻於完美，總是要求修改小說。一次，在小說要印前一刻，他還要求出版商等一等，說某些地方得更動。出版商不願意，因為這樣會增加他的成本。巴爾扎克卻堅決要修改，出版商惱怒了：「如果你願意損失稿費的酬勞的話，你就可以改！」如果換了一般人就會妥協，但巴爾扎克卻毫不猶豫地放棄了一半稿費的酬勞……。

一家大公司對建築設計方案不滿，要求改變一些細節。而在設計師看來，這些改變會影響整座建築物的審美取向。公司是買主，對設計方案的評判直接關係到設計師的薪酬，但這個設計師竟然堅持己見，不買帳。公司很惱火，威脅他：如果不改變，我們有權終止合約！設計師說：我寧願帶著自己的才華回家睡覺，也不會將平庸的思想安插進我的設計藍圖……。

這個設計師叫貝聿銘，在他馳名世界後，曾經為北京香山一處建築做規劃設計。但是，施工者並沒有嚴格按照貝聿銘的藍圖去做，而將建築大門前的小廣場照自己的「感覺」另行安排。貝

聿銘發現後痛心疾首，從此再也沒有回到那裡。

至今，那座建築物也沒有因為設計師是貝聿銘而輝煌，因為它不像是大師的作品。

簡單道理

當你的才華與外界發生衝突時，請不要妥協，因為妥協就意味著抹殺自己的才華。只有不為妥協而抹殺自己的才華，才能對得起自己，才能展現你的個性，才能成就自己。

只要心中存有希望，往往就會創造奇蹟

有這樣一個故事。

當年，美國曾有一家報紙曾刊登了一則園藝所重金徵求純白金盞花的啟事，在當地一時引起轟動。高額的獎金讓許多人趨之若鶩，但在千姿百態的自然界中，金盞花除了金色的就是棕色的，能培植出白色的，不是一件容易的事。所以許多人一陣熱血沸騰之後，就把那則啟事拋到九霄雲外去了。

一晃就是二十年，一天，那家園藝所意外地收到了一封熱情的應徵信和一粒純白金盞花的種子。當天，這件事就不脛而走，引起軒然大波。寄種子的原來是一個年已古稀的老人，老人是一個道道地地的愛花人。當她二十年前偶然看到那則啟事後，便怦然心動。她不顧八個兒女的一致反對，義無反顧地做了下去。她撒下了一些最普通的種子，精心侍弄。一年之後，金盞花開了，她從那些金色的、棕色的花中挑選了一朵顏色最淡的，任其自然枯萎，以取得最好的種子。次年，她又把它種下去。然後，再從這些花中挑選出顏色更淡的花的種子栽種……，日復一日，年復一

年。

終於，在我們今天都知道的那個二十年後的一天，她在那片花園中看到一朵金盞花，它不是近乎白色，也並非類似白色，而是如銀如雪的白。一個連專家都解決不了的問題，在一個不懂遺傳學的老人手中迎刃而解，這真是一個奇蹟。

簡單道理

只要我們心中存在著希望，只要我們心中有一顆希望的種子，那麼就一定會創造出奇蹟。同時，我們要時刻提醒自己，希望只是希望，只有用勤奮去澆灌，才能盛開希望之花，得到希望之果。

一個人缺乏競爭意識，將難以有所成就

女兒第一次將男朋友帶回家裏，父親在客廳陪著女兒和其男朋友天南地北地聊著。

父親問女兒的男朋友：「你喜歡打球嗎？」男朋友回答？「不，我不是很喜歡打球，我大部分的時間都用來看書，聽音樂。」

父親繼續問：「那喜歡賭馬嗎？」男朋友回答：「不，我不賭博的。」

父親又問：「你喜歡看電視上的田徑或是球類競賽嗎？」男朋友回答：「不，對於這些有關競賽性的活動我沒什麼興趣。」

男朋友離開後，女兒問父親：「爸，你覺得這個人怎樣？」

父親回答：「妳和他做朋友我不反對，但如果妳想嫁給他，我則堅決不贊成。」

女兒驚訝地問：「為什麼呢？」

父親說：「一般人養黃鸝鳥，絕不會將黃鸝鳥關在自家的鳥籠裏，主人會帶到茶館，那裡有許多的黃鸝鳥。這隻新的鳥兒，在茶館聽到同類此起彼落的鳥鳴聲，便會不甘示弱，也引吭高歌。

這是養鳥人訓練黃鸝鳥的訣竅。」

女兒問：「這和我的男友有什麼關係呢？」

父親回答：「養鳥人刺激黃鸝鳥競爭的天性，來訓練黃鸝鳥展露優美的歌聲，若是沒有競爭，這隻黃鸝鳥可能就終生喑啞了，不能發出任何叫聲，主要是因為，沒有其他的鳥兒來與牠比較。」

父親繼續說：「妳的這一位男朋友，經過我剛剛與他的一番談話，發現他既不運動，也不喜歡運動，也不喜歡賭博、球賽，排斥一切所有競賽性的活動，我認為，像這樣的男人，缺乏競爭意識，將來恐怕難以有所成就，所以反對妳嫁給他。」

簡單道理

競爭無處不在，我們也無法避免參與各種競爭，這是一條生存規則。一個人如果缺乏競爭意識，就不可能充分發揮自己的潛力，甚至連生存都會受到威脅，所以，他將來也難以有所成就。

只有一直奮力向前，才會時來運轉

透過自己不懈的奮鬥，艾柯卡終於當上了福特公司的總經理。但在一九七八年七月十三日，有點得意忘形的艾柯卡，被妒火中燒的大老闆亨利．福特開除了。就這樣，在福特工作已三十二年，當了八年總經理，一帆風順的艾柯卡突然間失業了。艾柯卡一時無法承受這個打擊，簡直是痛不欲生。他對自己失去了信心，開始喝酒，認為自己要徹底崩潰了。對於他當時的痛苦，我們可想而知。

就在這時，艾柯卡接受了一個新挑戰──應聘到瀕臨破產的克萊斯勒汽車公司，出任總經理。憑著他的智慧、膽識和魅力，艾柯卡大刀闊斧地對克萊斯勒進行了整頓、改革，並向政府求援，舌戰國會議員，取得了鉅額貸款，重振企業雄風。在艾柯卡的領導下，克萊斯勒公司在最黑暗的日子裏推出了K型車的計劃，此計劃的成功讓克萊斯勒起死回生，成為僅次於通用汽車公司、福特汽車公司的第三大汽車公司。

一九八三年七月十三日，艾柯卡把生平僅見的面額高達八．一三億美元的支票交到銀行代表手裏，至此，克萊斯勒還清了所有債務，而恰好是五年前的這一天，亨利．福特開除了他。事後，艾柯卡深有感觸地說：「奮力向前，哪怕時運不濟；永不絕望，哪怕天崩地裂。」

簡單道理

每個人的一生，都不可能一帆風順，總會有時運不濟的時候。在時運不濟的時候，有很多人自暴自棄，這只能使時運越來越差；而只有奮力向前的人，才會時來運轉。

堅守自己的夢想，別讓別人偷走

比爾．克利亞是美國猶他州的一個中學教師，有一次他給學生設計了一道作業，要求學生就自己的未來夢想寫一篇作文。

一個名叫蒙迪．羅伯特的孩子興高采烈地寫開了，用了整整半夜的時間，寫了七大張，詳盡地描述了自己的夢想，夢想將來有一天擁有一個牧場，他描述的很詳盡，畫下了一幅佔地二百英畝的牧馬場示意圖，有馬廄、跑道和種植園，還有房屋建築和室內平面設計圖。

第二天，他興高采烈地將這份作業交給了克利亞老師。然而作業批回的時候，老師在第一頁的右上角打了個大大「F」（差），並讓蒙迪．羅伯特去找他。

下課後蒙迪去找老師：「我為什麼只得了F？」

克利亞打量了一下眼前的毛頭小子，認真地說：「蒙迪，我承認你這份作業做得很認真，但是你的夢想離現實太遠，太不切實際了。要知道你父親只是一個馴馬師，連固定的家都沒有，經常搬遷，根本沒有什麼財產，而要擁有一個牧馬場，得要有很多的錢，你能有那麼多的錢嗎？」

克利亞老師最後說，如果蒙迪願意重新做這份作業，確定一個現實一點的目標，可以重新為他打分數。

蒙迪拿回自己的作業，去問父親。父親摸摸兒子的頭說：「孩子，你自己拿主意吧，不過，你得慎重一些，這個決定對你來說很重要！」

蒙迪一直保存著那份作業，那份作業上的「F」依然很大很刺眼，正是這份作業鼓勵著蒙迪，一步一個腳印不斷超越創業的征途，多年後蒙迪．羅伯特終於如願以償地實現了自己的夢想。

當克利亞老師帶著他的三十名學生，踏進這個佔地二百多英畝的牧馬場，登上這座面積達四千平方公尺的建築場時，他流下了懺悔的淚水。「蒙迪，現在我才意識到，當時我做老師時，就像一個偷夢的小偷，偷走了很多孩子的夢，但是你的堅韌和勇敢，使你一直沒有放棄自己的夢想！」

簡單道理

每個人都有夢想，但並不是每個人的夢想都會實現，因為有些夢想還未來得及去實現，就被別人偷走了—由於別人的打擊而破滅。所以，在別人的嗤笑聲中，要堅守自己的夢想，別讓別人偷走，我們才有可能會夢想成真。

人生最大的欣慰，就是能把夢想變成現實

有個叫布羅迪的英國教師，在整理閣樓上的舊物時，發現了一疊練習簿，是皮特金幼稚園B（2）班三十一位孩子的春季作文，題目叫：未來我是……

他本以為這些東西早就蕩然無存了，沒想到，它們竟安然地躺在自己家裏，並且一躺就是五十年。

布羅迪隨手翻了幾本，很快便被孩子們千奇百怪的自我設計給迷住了。比如，有個叫彼德的說自己是未來的海軍大臣，因為有一次他在海裏游泳，喝了三公升的海水都沒被淹死；還有一個說，自己將來必定是法國總統，因為他能背出二十五個法國城市的名字；最讓人稱奇的是一個叫戴維的盲童，他認為將來他肯定是英國的內閣大臣，因為在英國還沒有一個盲人進入過內閣。總之，這些孩子都在作文中描繪了自己的未來。

布羅迪讀著這些作文，突然有一種衝動：何不把這些本子重新發到同學們手中，讓他們看看現在的自己是否實現了五十年前的夢想。當地一家報紙得知他的這一想法後，為他刊登了一則啟

事。沒幾天，書信便向布羅迪飛來。其中有商人、學者及政府官員，更多的是沒有身分的人。他們都表示，很想知道自己兒時的夢想，並且很想得到那本作文簿，布羅迪按照地址一一給他們寄了回去。

一年後，布羅迪手裏僅剩下戴維的作文簿沒人索要。他想，這個人也許是死了。畢竟五十年了，五十年間是什麼事都會發生的。就在布羅迪準備把這個本子送給一家私人收藏館時，他收到了內閣教育大臣布倫克特的一封信。

信中說：「那個叫戴維的就是我，感謝您還為我們保存著兒時的夢想。不過我已不需要那個本子了，因為從那時起，我的夢想就一直在我的腦子裏，我從未放棄過。五十年過去了，可以說我已經實現了那個夢想。今天，我還想透過這封信告訴其他的三十位同學，只要不讓年輕時美麗的夢想隨歲月飄逝，成功總有一天會出現在你面前。」

簡單道理

人生最大的欣慰，就是能把夢想變成現實。要做到這一點，首先要心存夢想，心存夢想才會有激情和鬥志；其次要有永不放棄的精神，永不放棄，才會使得夢想有生命力；再來就要為了夢想而努力奮鬥，如果有了夢想卻不去奮鬥，夢想可就真的只是夢了。

如果沒有確定的方向，再努力也是徒勞

比賽爾是西撒哈拉沙漠中的一顆明珠，每年有數以萬計的旅遊者來到這裡。可是在肯·萊文發現它之前，這裡還是一個封閉而落後的地方。這裡的人沒有一個走出過沙漠，據說不是他們不願離開這塊貧瘠的土地，而是嘗試過很多次都沒有走出來。

肯·萊文當然不相信這種說法。他用手語向這裡的人問原因，結果每個人的回答都一樣：從這裡無論向哪個方向走，最後都還是會轉回出發的地方。為了證實這種說法，他做了一次試驗，從比塞爾村向北走，結果三天半就走了出來。

比塞爾人為什麼走不出來呢？肯·萊文非常納悶，最後他只得雇用一個比塞爾人，讓他帶路，看看到底是為什麼？他們帶了半個月的水，牽了兩隻駱駝，肯·萊文收起指南針等現代設備，只拄一根木棍跟在後面。

十天過去了，他們走了大約八百英里的路程，第十一天的早晨，他們果然又回到了比塞爾。這一次肯·萊文終於明白了，比塞爾人之所以走不出大漠，是因為他們根本就不認識北斗星。

在一望無際的沙漠裏，一個人如果憑著感覺往前走，他會走出許多大小不一的圓圈，最後的足跡十有八九是一把卷尺的形狀。比塞爾村處在浩瀚的沙漠中間，方圓上千公里沒有一點參照物，如果不認識北斗星又沒有指南針，想走出沙漠，確實是不可能的。

肯·萊文在離開比塞爾時，帶了一位叫阿古特爾的青年，就是上次和他合作的人。他告訴這位男孩，只要你白天休息，夜晚朝著北面那顆星星走，就能走出沙漠。阿古特爾照著去做，三天之後果然來到了大漠的邊緣。阿古特爾因此成為比塞爾的開拓者，他的銅像被豎位在小城的中央。銅像的底座上刻著一行字：新生活是從選定方向開始的。

簡單道理

一個行人趕路，如果選不定方向，就會走錯路，人生之路也是如此。人生如果沒有確定方向，往往只是在繞圈子而已。一個人如果想改變生活，就一定要從選定方向開始。

做你喜歡做的事，
才是你人生的成功點

對什麼感興趣，就應該去做什麼

有一個孩子，在學校時的功課非常的差，老師說他的智力有問題。看上去，孩子的確有些沈默寡言，他可以一個人坐在屋前的花園裏看著花草小蟲很長的時間。他的父親教訓他說：「除了打獵、養狗、捉老鼠以外，你什麼都不操心，將來會有辱你自己，也會有辱你的整個家庭。」

他的姐姐也看不起這個學習成績平平、行為怪異的弟弟。他在家庭中是一個不受歡迎的人。但是他的母親愛他，她想如果孩子沒有那些樂趣，不知道他的生活還會有什麼色彩。她對丈夫說：「你這樣對他不公平，讓他慢慢學會改變吧。」

丈夫說：「妳這不是教育，妳會毀了他的一生。」但她卻固執己見，他是她的孩子，需要她的安慰和鼓勵。

她支持孩子到花園中去，還讓孩子的姐姐也去。母親耍了一個小心機，她對孩子和他的姐姐說：「比一下吧，孩子，看誰從花瓣上先認出這是什麼花？」孩子要比他的姐姐認得快，於是她就吻他一下。這對孩子來說，是多麼令人興奮的一件事，他回答出了姐姐無法回答的問題。他開始整天研究花園的植物、蝴蝶，甚至觀察到了蝴蝶翅膀上的斑點的數量。

對於她的做法，她的丈夫覺得不可理喻。那種憐愛是無助無望的，除了暫時麻醉孩子之外，根本毫無益處。但是，就是這位醉心於花草之中的孩子，多年後成為了生物學家，創立了著名的「進化論」，他就是達爾文。

簡單道理

一個人的發展方向，直接決定著一個人的成敗。一個人總會有自己的興趣，興趣就是最佳的發展方向，也是最好的老師。對什麼事感興趣，就去做什麼，這是很多成功者的不二法門。

只要行動起來，再複雜的問題也會變得簡單

西元前三三三年冬天，馬其頓亞歷山大大帝進兵亞細亞。當他到達亞細亞的弗尼吉亞城時，聽說城裏有個著名的預言：幾百年前，弗尼吉亞的戈迪亞斯王在其牛車上繫了一個複雜的繩結，並宣告誰能解開它，誰就會成為亞細亞王。

自此以後，每年都有很多人來看戈迪亞斯打的結。各國的武士和王子都來試解這個結，但總是連繩頭都找不到，他們甚至不知道從何處著手，大多數人只是看看而已，從沒有一個人靜下心來想方設法解開這個難解之結。

亞歷山大對這個預言非常感興趣，命人帶他去看這個神秘之結。幸好這個結還完好地保存在朱皮特神廟裏。亞歷山大仔細觀察著這個結，許久許久始終連繩頭都找不著，亞歷山大不得不佩服戈迪亞斯王。

這時，他突然想到：「為什麼不用自己的行動規則來解開這個繩結呢？」於是，亞歷山大拔出劍來，對準繩結，狠狠地一劍把繩結劈成了兩半，這個保留了數百年的難解之結，就這樣輕易

地被解開了。

簡單道理

很多問題表面上看起來的確很複雜，甚至找不到突破口，但如果行動起來，問題往往就會變得簡單起來。不管我們決定做什麼，不管我們自己的人生設定了多少目標，決定我們成功的永遠是自己的行動。

做你喜歡做的事，才是你人生的成功點

二〇〇一年三月十五日，一個名為「摩西奶奶在二十一世紀」的畫展，在華盛頓國立女性藝術博物館舉行。該展覽除展出摩西奶奶的作品外，還陳列了一些來自其他國家有關摩西奶奶的私人收藏品。其中最引人注目的是一張明信片，它是摩西奶奶一九六〇年寄出的，收件人是一位名叫春水上行的日本人。

這張明信片是第一次公布於眾，上面有摩西奶奶畫的一座穀倉和她親筆寫的一段話：「做你喜歡做的事，上帝會高興地幫你打開成功的門，哪怕你現在已經八十歲了。」

摩西奶奶為什麼要寫這段話呢？原來這位叫春水上行的人想從事寫作，他從小就喜歡寫，可是大學畢業後，他一直在一家整容醫院裏工作，這讓他感到很彆扭。心想馬上就要三十歲了，他不知道該不該放棄那份令人討厭的職業，而從事自己喜歡的工作。收到春水上行來自日本的信，讓摩西奶奶很感興趣，因為過去的來信，都是恭維她或向她索要繪畫作品的，只有這封信是謙虛地向她請教人生的問題，雖然當時她已一百歲了，還是立即回了信。

摩西奶奶是美國維吉尼亞州的一位農婦，七十六歲時因關節炎放棄農活，開始了她夢寐以求的畫畫。八十歲時，到紐約舉辦畫展，引起了轟動。她活了一〇一歲，一生留下繪畫作品一六〇〇餘幅，在生命的最後一年還畫了四十多幅畫。

那麼，到底是什麼原因，使人們異常關注那張明信片呢？原來那張明信片上的春水上行，正是目前日本大名鼎鼎的作家渡邊淳一。也許正是這個原因，每當講解員向參觀的人講解這張明信片時，總要附帶地說上這麼幾句話：「你心裏想做什麼，就大膽地去做吧！不要問自己的年齡有多大和現在的工作狀況如何，因為你想做的那件事才是你真正的天賦所在，才是你人生的成功點，才是你生命的寄託和精神的家園。」

簡單道理

做自己喜歡做和最想做的事，是人生的成功點所在。因為，在自己喜歡做和最想做的事情，蘊藏著你的天賦，並且做起來也能充滿信心和激情，最主要的是你願意去做。只要願意去做，就有成功的可能。

再努力一點點，往往就會收穫成功

有一則故事曾在世界各地的淘金者口中廣為傳誦。這個故事有著極其動聽的名字，叫做「距離金子三英寸」，說的是幾十年前，美國人達比和他叔叔到遙遠的西部去淘金，他們手握十字鎬和鐵鍬不停地挖掘，幾個星期後，他們終於驚喜地發現了金光閃閃的礦石。於是，他們悄悄將礦井掩蓋起來，回到家鄉馬里蘭州的威廉堡，準備籌集大筆資金購買採礦設備。

不久，淘金的事業便如火如荼地開始了。當採掘的首批礦石被運往冶煉廠時，專家們斷定他們找到的可能是美國西部羅拉地區藏量最大的金礦之一。達比僅僅只用了幾車礦石，便很快將所有的投資全部收回。

然而，有趣的是，美國淘金人達比萬萬沒有料到，正當他們的希望在不斷升高的時候，奇怪的事情發生了：金礦的礦脈突然消失！儘管他們繼續拚命地鑽探，試圖重新找到礦脈，但一切都是徒勞。好像上帝有意要和達比開一個巨大的玩笑，讓他的美夢從此成為泡影。萬般無奈之際，他們不得不忍痛放棄了幾乎要使他們成為新一代富豪的礦井。

接著，他們將全部機器設備賣給了當地一個收購廢鐵品的商人，帶著滿腹遺憾回到了家鄉威廉堡。

就在他們剛離開後的幾天裏，收廢鐵的商人突發奇想，決定去那口廢棄的礦井碰碰運氣。他請來一名採礦工程師考察礦井，只做了一番簡單的測算，工程師便指出前一輪工程失敗的原因，是由於業主不熟悉金礦的斷層線。考察結果表示：更大的礦脈其實就在距達比停止鑽探三英寸遠的地方

世上的事情奇巧得往往就像這個精彩故事的本身：作為懷著同一夢想的有心人，達比雖然付出了努力，但最終也放棄了努力，他獲取的只是羅拉地區最大金礦的一個小小支脈；收廢鐵的商人雖然只花費了最小的代價，卻在達比努力的基礎上又努力了一點點，透過一口廢棄的礦井而成功地擁有了最大金礦的全部。

簡單道理

成功有時會和我們玩捉迷藏，它會造就種種假象，考驗我們的努力程度和耐心。當我們認為無望而放棄的時候，它其實正與我們擦肩而過。在很多時候，如果我們再努力一點點，往往就會收穫成功。

有時一個奇思妙想，往往就會導致成功

越戰期間，美國好萊塢曾經舉辦過一場募款晚會，由於當時的反戰情緒比較強烈，募款晚會以一美元的收穫而收場。

在這次晚會上，一個名叫卡塞爾的年輕人一舉成名，他是蘇富比拍賣行的拍賣師，這唯一的一美元就是他募得的。在晚會現場，他讓大家選出一位漂亮女孩，然後由他來拍賣這位女孩的吻，最後，他終於募到難得的一美元。當好萊塢把這一美元寄往越南前線的時候，美國的各家報紙都進行了報導。

這無疑是對戰爭的嘲諷，多數人也都把它當做一個笑料。然而德國的獵頭公司卻發現了這位天才，他們認為卡塞爾是棵搖錢樹，誰能運用他的頭腦，必將財源滾滾，於是建議日漸衰落的奧格斯堡啤酒廠，重金聘請他為顧問。一九七二年，卡塞爾移民西德，受聘於奧格斯堡啤酒廠。在那裡，他果然不斷的有奇思妙想，他甚至開發出美容啤酒和沐浴用啤酒，這使奧格斯堡一夜之間成了全球銷量最大的啤酒廠。

而卡塞爾最引人注目的舉動是一九九〇年，他以西德政府顧問的身分主持拆除柏林圍牆。這一次，他讓柏林圍牆的每一塊磚都變成了收藏品，進入全世界二百多萬個家庭和公司，創造了城牆售價的世界記錄。

簡單道理

世上總有一些喜歡異想天開的人，他們對任何事情都喜歡提出一些看上去不合邏輯的奇思妙想，但他們往往卻出人意料地獲得了成功。當一些奇思妙想在頭腦中一閃而過時，要抓住並運用它，因為這也許會改變你的命運。

敢於創造條件的人，才可以創造成功

鮑比是法國時尚雜誌ＥＬＬＥ的總編輯，在一九九五年的時候，他突然腦幹中風，導致四肢癱瘓，而且喪失了說話的能力。被病魔襲擊後的鮑比躺在醫院的病床上，頭腦清醒，但是全身的器官中，只有左眼還可以活動。可是，他並沒有被病魔打倒，雖然口不能言，手不能寫，他還是決心要把自己在病倒前就開始構思的作品完成並出版。出版商便派了一個名叫門迪寶的筆錄員來做他的助手，每天工作六小時，給他的著述做筆錄。

鮑比只會眨眼，所以就只能透過眨動左眼和門迪寶來溝通，逐個字母逐個字母地向門迪寶背出他的腹稿，然後由門迪寶抄錄出來。門迪寶每一次都要按順序把法語的常用字母讀出來，讓鮑比來選擇，如果鮑比眨一次眼，就說明字母是正確的。如果是眨兩次，則表示字母不對。

由於鮑比是靠記憶來判斷詞語的，因此有時就可能出現錯誤，有時他又要濾去記憶中多餘的詞語。開始時他和門迪寶並不習慣這樣的溝通方式，所以中間也產生了不少障礙和問題。剛開始合作時，他們兩個人每天用六小時默錄詞語，每天只能錄一頁，後來慢慢加到三頁。

幾個月之後，他們歷經艱辛終於完成這部著作。據粗略估計，為了寫這本書，鮑比共眨了左眼二十多萬次。這本不平凡的書有一百五十頁，並且已經出版，它的書名叫做《潛水鐘與蝴蝶》，在台灣銷售超過二十萬冊。

簡單道理

成功是需要很多條件的，比如，健全的體魄、清醒的頭腦、堅忍不拔的精神等，但這些條件並不是每個人都能具備的。一個成功者，首先就在於，他從不苟求條件，而是竭力創造條件──哪怕只剩下一隻眼睛可以眨。

用行動展現自己的才華，是最好的介紹信

一百多年前，一位德國青年想拜當時著名的哲學家康德為師，以求得他的教導，並打算深入地鑽研康得哲學。哪知道，當他滿懷著希望去拜見康德時，康德卻異常冷漠，拒絕了他。

德國青年失去了一次機會，但他並不灰心，也不怨天尤人，而是從自己身上找出原因。心想，我沒有成果，兩手空空，人家當然怕打攪！我為什麼不拿出成果來呢？於是他埋頭苦學，完成了一篇《天啟的批判》的論文，呈獻給康德，並附上一封信。

信中說：「我是為了拜見自己最崇拜的大哲學家而來的，但仔細一想，對本身是否有這種資格都未審慎考慮，感到萬分抱歉。雖然我也可以索求其他名人的函介，但我決定毛遂自薦，這篇論文就是我自己的介紹信。」

康德細讀了他的論文，不禁拍案叫絕。康德為其才華和獨特的求學方式所感動，便決定見一次面。於是，就親筆寫了一封熱情洋溢的回信，邀請他來一起探討哲學。

由此，他獲得了成功的機會，他便是後來成為德國著名的教育家和哲學家──費希特。

簡單道理

能夠得到名師的指點、伯樂的賞識，是打開成功之門的一把鑰匙。但是名師偏愛求知若渴的學子，伯樂鍾情馳騁千里的良驥。你要得到別人的垂青，必須拿出你的行動，展現你的才華，這才是你最好的介紹信。

成功對一個人來說，沒有時間的限制

有人調查了一百位世界名人的成功經歷，發現了一個奇怪的現象，他們的成功經歷並非按照一般的成功模式進行。在成功者的心裏，時間限制並不能左右他們。

莫札特三歲已能彈奏古典鋼琴，並能記住只聽一遍的樂曲。

蕭邦在七歲的時候，創作了G小調波羅乃茲舞曲。

愛迪生十歲那年，在父親的地下室建立起一個實驗室，開始了世界上最偉大的發明。

奧斯汀在二十一歲那年出版了世界名著《傲慢與偏見》。

福特在五十歲那年採用了「流水裝配線」，實現了汽車大規模生產，使汽車售價大幅下降，開始在全世界普及。

邱吉爾在八十一歲從首相位置上告退，回到下議院，但又獲得一次議會選舉。他開始學畫，並成功展示了自己的作品。

一百歲的爵士音樂鋼琴演奏家、作曲家尤比．布萊克，還舉辦了自己的專場音樂會。在逝世前的五天，他對別人說：「早知道我能活這麼久，我會更加努力些。」

簡單道理

成功對一個人來說，並沒有時間的限制，處於各種年齡的人都可以大有作為，小到幾歲，大到百歲都可以成功，關鍵在於一個人的心態，在於是否付出全部的努力。

要想得到別人的賞識，
就要先做一顆珍珠

只要比對手更專注，你就會超越對手

馬克的朋友比爾是個成功的演說家和作家，喜歡在閒暇時間觀察鳥類。幾年前，比爾買了一棟新房子，附近草木叢生。入住後的第一個週末，他就在後院裏裝了個餵鳥器。就在當天日暮時分，一群松鼠弄倒了餵鳥器，吃掉裏面的食物，把小鳥嚇得四散而飛。在接下來的兩週裏，比爾絞盡腦汁想出各種辦法讓松鼠遠離餵鳥器，就差沒有使用暴力了。但絲毫沒有效果。

萬般無奈之下，他來到當地一家五金店。在那裡他找到了一種與眾不同的餵鳥器，帶有鐵絲網，還有個讓人動心的名字，叫「防松鼠餵鳥器」。這回可保萬無一失，他買下它並安裝在後院裏。但天黑以前，松鼠又大搖大擺地光顧了「防松鼠餵鳥器」，照樣把鳥兒嚇跑了。

他拆下餵鳥器，回到五金店，頗為氣憤地要求退貨。五金店的經理回答說：「別著急，我會給你退貨的，不過你要理解：這個世上可沒有什麼真正的防松鼠餵鳥器。」比爾驚訝地問：「你想告訴我，我們可以把人送到太空中，可以在幾秒鐘之內把資訊傳到全球任何一個地方，但我們最尖端的科學家和工程師，都不能設計和製造出一個真正有效的餵鳥器，可以把那種腦子只有豌豆大的齧齒類小動物阻擋在外？你是想告訴我這個嗎？」

「是的。」經理說，「不過沒花你那麼長時間。」比爾好奇心更盛，請他說得仔細些。經理說：「先生，要解釋前我得問你兩個問題。首先，你平均每天花多少時間，讓松鼠遠離你的餵鳥器？」比爾想了一下，回答說：「我不清楚，大概每天十到十五分鐘吧。」

「和我猜的差不多，」那位經理說，「現在，請回答我第二個問題：你猜那些松鼠每天花多少時間來試圖闖入你的餵鳥器呢？」

比爾馬上會意：在松鼠醒著的每時每刻。

這個故事激發了馬克濃厚的興趣，他甚至特意對松鼠進行了一番研究。原來松鼠不睡覺的時候，九八%的時間都用於尋找食物。在專一的用心面前，智慧的大腦、優勢的體格都會節節敗退！

簡單道理

要做到超越對手，並不一定需要多麼聰明、多麼有才華。它所需要的，是為了目標能夠心無旁騖、投入所有的時間、發揮所有的才華。如果你比對手更專注，你就能將他們拋在身後。

想要留下閃亮的足跡，就要走無人涉足的地方

一八九九年愛因斯坦在瑞士蘇黎世聯邦工業大學就讀時，他的導師是數學家明可夫斯基。由於愛因斯坦肯動腦、愛思考，深得明可夫斯基的賞識。師徒二人經常在一起探討科學、哲學和人生。

有一次，愛因斯坦突發奇想，問明可夫斯基：「一個人，比如我吧，究竟怎樣才能在科學領域、在人生道路上，留下自己的閃亮的足跡、做出自己的傑出貢獻呢？」

一向才思敏捷的明可夫斯基卻被問住了，直到三天後，他才去找愛因斯坦，並且非常興奮地說：「你那天提出的問題，我終於有了答案！」

「什麼答案？」愛因斯坦迫不及待地抱住老師的胳膊，「快告訴我呀！」

明可夫斯基手腳並用地比畫了一陣，怎麼也說不明白，於是，他拉起愛因斯坦就朝著一處建築工地走去，而且直接踏上了建築工人剛剛鋪平的水泥地面。在建築工人們的呵斥聲中，愛因斯坦被弄得一頭霧水，非常不解地問明可夫斯基：「老師，您這不是領我誤入歧途嗎？」

「對、對，歧途！」明可夫斯基顧不得別人的指責，非常專注地說，「看到了吧？只有這樣的『歧途』，才能留下足跡！」然後，他又解釋說：「只有新的領域、只有尚未凝固的地方，才能留下深深的腳印。那些凝固很久的地面，那些被無數人、無數腳步涉足的地方，別想能再踩出腳印來……」

聽到這裡，愛因斯坦沈思良久，非常感激地對明可夫斯基說：「老師，我明白您的意思了！」

從此，一種非常強烈的創新和開拓意識，開始主導著愛因斯坦的思維和行動。他曾經說過這樣的話：「我從來不記憶和思考詞典、手冊裏的東西，我的腦袋只用來記憶和思考那些還沒載入書本的東西。」

於是，就在愛因斯坦走出校園，初涉世事的幾年裏，他作為伯爾尼專利局裏默默無聞的小職員，利用業餘時間進行科學研究，在物理學三個未知領域裏，齊頭並進，大膽而果斷地挑戰並突破了牛頓力學。在他二十六歲的時候，就提出並建立了狹義相對論，開創了物理學的新紀元，為人類做出了卓越的貢獻，在科學史冊上留下了深深的閃亮的足跡。

簡單道理

要想獲得成功，就要有一種強烈的創新和開拓意識。怎樣才能做到這一點呢？那就是從我們未知的領域中著手，向我們沒有涉足的地方邁進。只有這樣，才能在你所涉及的領域中，留下閃亮的足跡。

不要忽視偶然現象，偶然中往往孕育著成功

哈姆威是西班牙的一個製作糕點的小商販。在北美狂熱的移民中，他也懷著淘金的心態來到了美國。

但美國並非是他想像中的遍地是金，他的糕點在西班牙出售和在美國出售，根本沒有多大的區別。

一九〇四年夏天，哈姆威知道美國即將舉行世界博覽會，他把自己的糕點工具搬到了會展地點路易斯安那州。慶幸的是，他被政府允許在會場的外面出售他的薄餅。

他的薄餅生意實在糟糕，而和他相鄰的一位賣霜淇淋的商販的生意卻很好，一會兒就售出了許多霜淇淋，很快他把帶來的用來裝霜淇淋的小碟子都用完了。

心胸寬廣的哈姆威見狀，就把自己的薄餅捲成錐形，讓它來盛放霜淇淋。

賣霜淇淋的商販見這個方法可行，便要了哈姆威的薄餅，大量的錐形霜淇淋便進入了客人們的手中。

但讓哈姆威意想不到的是，這種錐形的霜淇淋被客人們看好，而且被評為「世界博覽會的真正明星」。從此，這種錐形霜淇淋開始大行其道，這就是現在的蛋捲霜淇淋。它的發明被人們稱為「神來之筆」，有人這樣假設，如果兩個商舖不靠在一起，那麼今天我們能不能吃到蛋捲霜淇淋也很難說。

在現在知名的食物中，炸薯條的發明也是這樣的「神來之筆」。

美國印第安人克魯姆是餐廳中的廚師，有一天來了幾個法國客人，他們嫌他製作出來的油炸食物太厚太硬。克魯姆知道後很生氣，他隨手拿起一顆馬鈴薯，切成一條一條的，扔到了油鍋裏，起鍋後就送到法國客人的桌上。誰知客人一吃，大呼好吃。從此這種炸薯條就風行開來，最後成為肯德基、麥當勞首推的主食。

簡單道理

事物都具有偶然性，雖然它發生的機率比較低，但它畢竟存在。成功也是如此。有時，一次偶然的奇遇往往就會創造成功。所以，不要忽略我們生活中的偶然，也許它就是成功的開始。

只有不斷超越自我，才是一個真正的聰明人

約翰和湯姆是相鄰兩家的孩子，他倆從小就在一起玩耍。約翰是一個聰明的孩子，學什麼都是一點就通，他知道自己的優勢，自然也頗為驕傲。湯姆的腦子沒有約翰的靈光，儘管他很用功，但成績卻難以進入前十名，與約翰相比，他時常流露出一種自卑。然而，他的母親卻總是鼓勵他：「如果你總是以他人的成績來衡量自己，你終生也不過只是一個『追逐』者。奔馳的駿馬儘管在開始的時候總是呼嘯在前，但最終抵達目的地的，卻往往是充滿耐心和毅力的駱駝。」

聰明的約翰自詡是個聰明人，但一生成績平平，沒能成就任何一件大事。而自覺很笨的湯姆卻從各個方面充實著自己，一點點地超越著自我，最終成就了非凡的成績。

約翰憤憤不平，以至鬱鬱而終。他的靈魂飛到了天堂後，質問上帝：「我的聰明才智遠遠超過湯姆，我應該比他更偉大才是，可是為什麼你卻讓他成為了人間的卓越者呢？」

上帝笑了笑說：「可憐的約翰啊，你至死都沒能弄明白：我把每個人送到世上，在他生命的『褡褳』裏都放了同樣的東西，只不過我把你的聰明放到『褡褳』的前面，你因為看到或是觸摸

到自己的聰明而沾沾自喜，以至誤了你的終生！而湯姆的聰明卻放在了『褡褳』的後面，他因看不到自己的聰明，總是在抬頭看著前方，所以，他一生都在不知不覺地邁步向上、向前！」

簡單道理

人生在世，每個人都有自己獨特的稟性和天賦，你只要按照自己的稟賦發展自己，不斷地超越心靈的羈絆，你就不會忽略了自己生命中的太陽，而淹沒在他人的光輝裏。每一個人都應該永遠記住這個真理──只有不斷超越自我的人，才是一個真正的聰明人。

只要勇敢去做，就沒有什麼不可能

當阿里第一次走入拳擊場時，瘦弱的他讓觀眾認為，他不出五個回合就會被對手打趴下。然而，就是這個不起眼的年輕人，在一生六十一場比賽中，創造了五十六勝五負的拳壇神話，成為拳擊史上第一位三度奪得世界重量級冠軍、獲得「二十世紀最偉大運動員」榮譽的拳王。他說過一句話：「『不可能』只是別人的觀點，是挑戰，絕非永遠。」

後來，萊拉．阿里出現在愛迪達最新的廣告片中，她就是拳王阿里的女兒。原來拳王阿里的女兒也打拳擊！她甚至與父親老拳王在拳擊台上同場競技，演繹了又一個「挑戰不可能」的故事。

「我是萊拉．阿里，我是一個職業拳擊手。我身上背負著三條世界重量級拳王金腰帶，職業生涯的戰績是十六勝、零負，曾十三次擊倒對手。當我第一次在電視裏看到女子拳擊，就像一根導火線在我腦中點燃，我對自己說：我也要那樣！」萊拉．阿里如是說。

「我想我面對的最大挑戰就是：成為萊拉．阿里，而不是永遠被人稱為穆罕穆德．阿里的女兒。告訴你們，我的父親是個大男人主義，他甚至不喜歡我穿短褲和運動衣。但是，我從不認為女人和拳擊是不對稱的。我想成為一名戰士，同時也是一個讓人激動不已的漂亮女人。」萊拉・阿里這樣解釋自己的選擇。

至於她的父親老阿里，現在每次看完女兒的比賽，都會對她說：「妳是最優秀的！」現在，萊拉・阿里已經贏得了三項世界冠軍。面對榮譽，她這樣回答：「有人說女人不該打拳擊時，你認為我會怎麼做？是的，沒錯！我現在是世界上最知名的也是最優秀的女戰士。當人們走向我，告訴我他們受到了鼓舞，我使他們相信『沒有不可能』時，我的心情棒極了！那讓我感覺到自己的意義，我必須繼續做得更好。」

對不可能的超越，才是最華麗的生命樂章。一個男人如此，一個女人也是如此。

簡單道理

一個成功者的一生，必定是與風險和艱難拚搏的一生。許多看似不可能成功的事情，只是因為我們根本沒有採取行動，或是沒有竭盡全力。我們應該記住這樣一句話：只要去做，就沒有不可能。

要想得到別人的賞識，就要先做一顆珍珠

有一個年輕人，自以為是全才，但畢業以後卻屢次碰壁，一直找不到理想的工作。他覺得自己懷才不遇，對社會感到非常失望，他認為是因為沒有伯樂來賞識他這匹「千里馬」。

痛苦絕望之下，他來到大海邊，打算就此結束自己的生命。在他正要自殺的時候，正好有一個老人從這裡走過來，並且救了他。老人問他為什麼要走上絕路，他說自己不能得到別人和社會的認可，沒有人欣賞並且重用他……。

老人從腳下的沙灘上撿起一粒沙子，讓年輕人看了看，然後就隨便地扔在了沙灘上，於是對年輕人說：「請你把我剛才扔在沙灘上的那粒沙子撿起來。」

「這根本不可能！」年輕人說。

老人沒有說話，接著從自己的口袋裏掏了一顆晶瑩剔透的珍珠，也是隨便地扔在了沙灘上，然後對年輕人說：「你能不能把這顆珍珠撿起來呢？」

「這當然可以！」

「那你就應該明白是為什麼了吧？你應該知道，現在自己還不是一顆珍珠，所以你還不能苛求別人來承認你。如果要別人承認，那你就要由一粒沙子變成一顆珍珠才行。」

年輕人翻然醒悟。

簡單道理

很多時候，我們之所以得不到別人的認可，是因為我們只是一粒普通的沙粒，而不是價值連城的珍珠。所以，若要讓自己得到別人的賞識，那你就要努力使自己成為一顆珍珠。

不要追趕月亮，要讓月亮追趕你

在蘇格拉底五十歲時，頭頂變成了不毛之地，額頭上溝溝壑壑佈滿了皺紋，再加上深陷的眼窩，看上去至少有六十歲。

然而，一個十八歲的女孩卻瘋狂地愛上了他，並且最終成了他的妻子。

一個老氣橫秋，一個嬌嫩欲滴；一個像秋霜打過的衰草，一個如含苞待放的鮮花。對於這樁看起來很不相配的婚姻，許多人都大惑不解。

有個人終於忍不住了，向蘇格拉底打探成功的秘訣：「先生，你是用什麼方法把女孩追到手的？」

蘇格拉底老老實實地說：「我實在沒有時間研究這個問題，我只是專心致志地做自己的事。」

那個人不相信，繼續窮追不捨的問：「這麼漂亮的女孩，你不追她，她怎麼會愛上你呢？」

蘇格拉底抬頭望望天空，說：「請看看天上的月亮吧，你越是拚命地追它，它越是不讓你追上；而當你一心一意地趕著自己的路的時候，它卻會緊緊地跟著你。」

簡單道理

愛情是一種很奇妙的情感，有時我們拚命地去追趕它，反而永遠也得不到；有時我們不去追趕它，反而容易得到。這一點，就像追趕月亮一樣，你若是追趕它，那你永遠也追不上；你若是不去追趕它，它就會主動追趕你。

自強不息才能成大業，貪圖安逸則平庸無為

二十世紀初，在美國伊利諾州的奧克布洛市，一個名叫雷・克洛克的男孩，降臨在一個普通的城鎮家庭裏。讀到高中二年級時，因為貧窮他被迫離開了學校。後來，克洛克想在房地產方面有所作為，開始在佛羅里達推銷房地產。好不容易生意打開了局面，不料第二次世界大戰烽煙四起，房價急轉直下，結果「竹籃打水一場空」，他破產了。回家的路上，他沒有大衣，沒有外套，甚至連一副手套也沒有，走在冰冷的大街上，想到一直伴隨著自己的低谷、逆境和不幸，他心灰意冷。

走到家門前，望著厚厚的窗簾縫中透出的橘黃色的光，克洛克忽然淚流滿面，對於一個男人來說，這一刻，責任是他活下去的唯一理由。

接下來的日子，克洛克依然努力尋找著適合自己的工作。雖然時運不濟，但他並沒有怨天尤人，他深信並非沒有時運，而是時候未到，他執著地認為大路是為那些審時度勢、自強不息的人鋪就的。

半年後，克洛克遇到一個名叫普林斯的人，他發明了一種多軸奶油攪拌機。克洛克認為這種機器蘊藏著很大商機，於是他立即與對方談判取得機器的代理權，並辭掉工作致力於該機器的市場推銷，一做就是十五年。

一九五四年，克洛克前往加利福尼亞州的聖伯納地諾城考察，之所以去那裡是因為那裡有一間小店，一次訂購了八台多軸奶油攪拌機，而在他過去十五年的推銷生涯中，從來沒遇到過這樣大的客戶，憑直覺他感到這位客戶的生意一定很興隆。

果然，到了聖伯納地諾城，他看到了馬克和狄克兄弟開設的一家小漢堡店。室內沒有座位，價目表上只有漢堡、飲料、奶油等速食產品，人們可以在不到一分鐘內點菜，並得到食物。雖然店內的伙計們忙得不可開交，但顧客仍然排起了長隊。那一刻，克洛克看出他的客戶經營的漢堡店簡直就是一座金礦。

克洛克問店裏的主人馬克和狄克兄弟，為什麼不多開幾家分店？狄克笑著指了指不遠處山坡上一座白色的建築說：「那是我們世代居住的地方，冬天我們可以躺在房子前面的斜坡上曬太陽，夏天我們可以在屋後的河裏戲水遊玩。如果我們開了連鎖店，就必須要到陌生的地方去照看我們的生意，那麼我們很難有這樣的閒暇時光了。」

聽完狄克的話，克洛克馬上意識到機會來了。他對兩兄弟說，如果他們能授權自己在全國各地開分店的話，自己將給他們兄弟提取利潤的五%作為回報。面對不勞而獲的收益，馬克和狄克兄弟馬上答應下來。

克洛克開始著手分店的選址工作。一九五五年四月十五日第一家分店在芝加哥開業。隨後，增設分店的速度越來越快。一九六一年，克洛克以二百七十萬美元的高價向馬克和狄克兄弟買下了包括名號、商標所有權，以及烹飪處方等各項專利，自己完全擁有了這一品牌。如今，克洛克創下的連鎖餐店已經在全世界六大洲的一百二十一個國家擁有三萬多家門市中心，年營業額超過了五百億美元。

對於美國人雷·克洛克的名字，我們知之甚少，但他一手創建的速食店的名字卻無人不知，它就是世界兩大速食航母之一，與肯德基並駕齊驅的另一速食巨頭麥當勞。

簡單道理

在挫折面前，最可貴的是能保持一種自強不息的精神—積極進取，把握時機。如果真的能做到這一點，就會成就一番大事業。舒適、安逸的生活很容易消磨掉一個人的意志，會放棄很多機會。一個貪圖享受的年輕人，為此所付出的代價往往是一生的碌碌無為。

只有經得起磨難的考驗，才能真正成為強者

在遼闊的亞馬遜平原上，生活著一種叫雕鷹的雄鷹，牠有「飛行之王」的稱號。牠的飛行時間之長、速度之快、動作之敏捷，堪稱鷹中之最，被牠發現的小動物，一般都難逃脫牠的捕捉。

但誰能想到那壯麗的飛翔後面，卻蘊含著滴血的悲壯？

當一隻幼鷹出生後，沒有享受多久舒服的日子，就要接受母親近似殘酷的訓練。在母鷹的幫助下，幼鷹沒多久就能獨自飛翔，但這只是第一步，因為這種飛翔只比爬行好一點。幼鷹需要成百上千次的訓練，否則，就不能獲得母親口中的食物。

第二步，母鷹把幼鷹帶到高處，或樹邊或懸崖上，然後把牠們推下去，有的幼鷹因膽怯而被活活摔死。但母鷹不會因此而停止對牠們的訓練，母鷹深知：不經過這樣的訓練，孩子們就不能飛上高遠的藍天，即使能，也難以捕捉到食物進而被餓死。

第三步則充滿著殘酷和恐怖，那些被母親推下懸崖而能勝利飛翔的幼鷹，將面臨著最後的，也是最關鍵、最艱難的考驗，因為牠們那正在成長的翅膀會被母鷹殘忍地折斷大部分骨骼，然後

再次從高處推下，有很多幼鷹就是在這時成為飛翔悲壯的祭品，但母鷹同樣不會停止這血淋淋的訓練，因為牠眼中雖然有痛苦的淚水，但同時也在構築著孩子們生命的藍天。

有些獵人動了惻隱之心，偷偷地把一些還沒來得及被母鷹折斷翅膀的幼鷹帶回家裏餵養。但後來獵人發現那被餵養長大的雕鷹，至多飛到房屋那麼高便要落下來。那兩公尺多長的翅膀已成為累贅。

原來，母鷹殘忍地折斷幼鷹翅膀中的大部分骨骼，是決定幼鷹未來能否在廣闊的天空中自由翱翔的關鍵所在。雕鷹翅膀骨骼的再生能力很強，只要在被折斷後仍能忍著劇痛不停地振翅飛翔，使翅膀不斷地充血，不久便能痊癒，而痊癒後翅膀則似神話中的鳳凰一樣死後重生，將能長得更加強健有力。如果不這樣，雕鷹也就失去了這僅有的一個機會，牠也就永遠與藍天無緣。沒有誰能幫助雕鷹飛翔，除了牠自己。

簡單道理

要想更好地生存，就必須要練就一身夠強的本領。要練就一身夠強的本領，就必須要經得起各種磨難的考驗。只有經得起各種磨難的考驗，才能真正成為生活的強者。

成功其實很簡單，
並不像我們想像的那麼難

只等條件成熟才去行動，也許得永遠等下去

一九七三年，英國利物浦市一個叫柯萊特的青年考入了美國哈佛大學，常和他坐在一起聽課的是一位十八歲的美國小伙子。大學二年級那年，這位小伙子和柯萊特商議，一起休學，去開發32Bit財務軟體，因為新編教科書中，已解決了進位制路徑轉換問題。

當時，柯萊特感到非常驚訝，因為他來這裡是求學的，不是來鬧著玩的。再說對Bit系統，墨爾斯教授才教了點皮毛，要開發Bit財務軟體，不學完大學的全部課程是不可能的。他委婉地拒絕了那位小伙子的邀請。

十年後，柯萊特成為哈佛大學電腦系Bit方面的博士研究生，那位休學的小伙子也在這一年，進入美國《富比士》雜誌億萬富翁排行榜。一九九二年，柯萊特繼續攻讀博士，那位美國小伙子的個人資產，在這一年則僅次於華爾街大亨巴菲特，達到六十五億美元，成為美國第二富翁。一九九五年柯萊特認為自己已具備了足夠的學識，可以研究和開發32Bit財務軟體，而那位小伙子則已繞過Bit系統，開發出Eip財務軟體，它比Bit快了一千五百倍，並且在兩週內佔領了全

球市場，這一年他成了世界首富。一個代表著成功和財富的名字——比爾．蓋茲也隨之傳遍全球的每一個角落。

簡單道理

不少成就一番事業的人，都是在知識不多時，就直接對準了目標，然後在創造過程中，根據需要來補充知識。對一件事，如果等所有的條件都成熟才去行動，那麼他也許得永遠等下去。

無私善良的崇高美德，是成功的重要基石

一位窮困潦倒的年輕人，在別人開的一家商店當伙計。一次，一位婦女來買紡織品時多付了幾美分，他步行了十公里終於趕上那位婦女，並且退還了這幾分錢。又一次，他發覺給一位女顧客少秤了四分之一磅的茶葉，他又跑了好幾公里給她補上。

他在當郵務員的同時，還替人劈柵欄木條賺取零用錢。一個寒冷的早晨，他走出家門時，看見一個年輕的鄰居用破布裹著光腳，正在劈一堆從舊馬廄拆下來的木材，說是想賺一塊錢去買雙鞋。他便讓那年輕人回到屋裏去暖暖腳，過了一陣子，他把斧頭還給了那個年輕人，告訴他說木柴已經劈好，可以去賣錢買雙鞋了。

有一次，他當測量員在彼得斯堡測量後，故意把一條本來可以筆直的街道設計成為彎的，是為了保全一個窮苦的孤兒寡母家庭的住房。如果把街道建成直的，這可憐的一家人就要露宿街頭。

這位一貧如洗、地位卑微的年輕人，在二十五歲時通過競選當選為議會議員。一八六〇年五

月，五十一歲的他參加總統競選，在全國代表大會上，「擁護劈柵欄木條候選人」的呼聲終日不息，最終他擊敗了對手，成為美國第十六屆總統。他便是被馬克思譽為「全世界的一位英雄」的亞伯拉罕．林肯。

簡單道理

一個人能獲得成功，除了要有不屈不撓、堅持不懈、勇往直前的奮鬥精神外，同情弱者、無私善良的崇高美德，更是成功的重要基石。

相信自己能做得到，就一定會做得到

洛克．里昂茲，是紐約空軍噴射機防衛隊隊員馬丁．里昂茲的兒子。洛克五歲時，有一天和母親開著小貨車行走在阿拉巴馬的鄉間小路上。他悠閒地睡在前座，腳則舒服地放在母親凱莉的大腿上。

凱莉小心地將小貨車從兩線的鄉村小路面，轉向狹窄的小橋。沒想到路上有個坑洞，使整輛車滑出路面，向路邊衝出，右前輪也因此凹陷。由於害怕整個車子翻覆，凱莉趕緊用力踩油門，把方向盤轉向左邊，試圖把車子拉回路上。但是事與願違，洛克的腳被卡在凱莉的腿及方向盤中，因此車子失去了控制。

小貨車跌跌撞撞掉到二十公尺下的峽谷中，一直到車子掉入谷底，洛克才醒了過來：「媽咪，發生了什麼事？車子怎麼四腳朝天？」

凱莉滿臉是血，不辨東西。車子的排檔桿插進了她的臉，從額頭到嘴唇被撕裂。牙齦殘破，臉頰損毀，肩膀也被壓碎。一段粉碎的骨頭竟從她的腋下穿出，整個人則被支離破碎的車門壓得動彈不得。

而洛克則奇蹟般的只有皮肉之傷，他嚷著：「媽咪，我會帶妳出去。」他從凱莉的下面爬了出來，經由車窗離開了小貨車，並嘗試著將母親拉出車外，但凱莉一動也不動。凱莉在昏昏沈沈中只是哀求著說：「讓我睡一下吧！」洛克則大聲喊叫：「媽咪，妳要支撐住，千萬別睡著啊！」

洛克又鑽進了小貨車，並將凱莉推出車子的殘骸。又告訴凱莉，他將爬到馬路上去攔車子求救。由於害怕在黑暗中，沒有人會看到這麼小的男孩，凱莉拒絕讓洛克單獨前往。母子二人只好慢慢地爬上堤防，洛克用瘦小的身軀將二倍半重的母親往上推。就這樣一寸一寸有如蝸牛爬行。凱莉感到身體非常疼痛，幾乎要放棄希望，但洛克始終鼓舞著她。

為了鼓勵凱莉，洛克告訴媽媽想想《小火車》的故事。其實這是個典型的童話故事，敘述小火車雖然只有小小引擎，卻能爬上陡峭的山頂。為了提醒凱莉振作起來，洛克則重覆故事中提到的：「我相信你能做到，我相信你能……」。

彷彿過了一世紀，他們終於爬到了路邊，洛克才有微光看清母親受重創的臉。他開始淚流滿面，揮舞著雙手，對著駛過的車子呼喊：「停下來，請停下來！」向司機懇求：「請帶我媽咪到醫院。」

總共花了八個小時，縫了三百四十四針來整合凱莉的臉，雖然她如今看起來和以往大不相同；過去她有筆直的鼻子，薄薄的嘴唇以及高高的顎骨，現在則是扁鼻、闊嘴、塌頰。但臉上留下很少疤痕，而且已經痊癒。

洛克的英勇事跡成了大新聞。但這個有膽識的小男孩，卻很謙虛地認為自己沒有做什麼事。他只說：「這一切都在意料之外，我只是做了該做的事，任何人在當時都會那樣做的。」凱莉則感動地說：「如果不是洛克，我可能早就因為流血過多而死了。」

簡單道理

在很多時候，不是我們做不到，而是不相信自己能做得到。覺得自己能做到或不能做到，其實只在一念之間。如果相信自己能做得到，自然就會竭盡全力去做，把看起來不可能做到的事做到了。

放棄了努力，就等於放棄了成功

一天，一個年輕人拿著一家著名廣告公司的面試通知，高興的提前十分鐘到達了那座大樓的一樓大廳裏。當時他很有自信，他專業成績好，年年都拿獎學金。廣告公司在這座大樓的十八樓，這座大樓管理很嚴，兩位精神抖擻的保全人員分立在兩個門口旁，他們之間的長形桌上有一塊醒目的標牌：「來客請登記。」

年輕人向前詢問：「先生，請問一八一〇房間怎麼走？」保全人員拿起電話，過了一會說：「對不起，一八一〇房間沒人。」「不可能吧，」年輕人急忙解釋，「今天是他們面試的日子，您瞧，我這裡有面試通知。」那位保全人員又撥了幾次：對不起，先生，一八一〇還是沒人；我們不能讓您上去，這是規定。」

時間一分一秒的過去。年輕人心裏雖然著急，也只有耐心地等待，同時祈禱該死的電話能夠接通。已經超過約定的時間十分鐘了，保全人員又一次彬彬有禮地告訴年輕人電話沒通。年輕人當時壓根也沒想到第一次面試就吃了這樣的「閉門羹」。面試通知明確規定：「遲到十分鐘，取消面試資格。」年輕人猶豫了半天，只得自認倒楣地打道回府。

晚上，年輕人收到一封電子郵件：「先生，您好！也許您還不知道，今天下午我們就在大廳裏對您進行了面試，很遺憾您沒通過。您應當注意到那位保全人員根本就沒有撥打號碼。大廳裏還有其他的公用電話，您完全可以自己詢問一下。我們雖然規定遲到十分鐘取消面試資格，但您為什麼要放棄，卻不再努力一下呢？……祝您下次成功！」

簡單道理

當遭遇到挫折時，不要立即放棄，換種方式再努力一下，或許就會有峰迴路轉的時候。如果遭受到一點挫折，就立即放棄努力的話，那就等於放棄了機會，放棄了成功。

把握住問題的關鍵，問題就會輕易地被解決

據說，美國華盛頓廣場有名的傑弗遜紀念大樓，因年深日久，牆面出現裂痕。為能保護好這棟大樓，有關專家進行了專門研討。

最初，大家認為損害建築物表面的原兇是侵蝕的酸雨。專家們進一步研究，卻發現對牆體侵蝕最直接的原因，是每天沖洗牆壁所含的清潔劑對建築物有酸蝕作用。而每天為什麼要沖洗牆壁呢？是因為牆壁上每天都有大量的鳥糞。為什麼會有那麼多鳥糞呢？因為大樓周圍聚集了很多燕子。為什麼會有那麼多燕子呢？因為牆上有很多燕子愛吃的蜘蛛。為什麼會有那麼多蜘蛛呢？因為大樓四周有蜘蛛喜歡吃的飛蟲。為什麼有這麼多飛蟲呢？因為飛蟲在這裡繁殖的特別快。而飛蟲在這裡繁殖特別快的原因，是這裡的塵埃最適合飛蟲繁殖。為什麼這裡最適合飛蟲繁殖呢？因為開著的窗戶陽光充足，大量飛蟲聚集在此，超常繁殖……。

由此發現解決的辦法很簡單，只要關上整棟大樓的窗簾。

此前專家們設計的一套套複雜而又詳盡的維護方案，也就成了一紙空文。

簡單道理

我們在處理問題時，若能透過重重迷霧，追本溯源，抓住問題的關鍵所在，往往能夠收到四兩撥千斤的功效。否則，浪費了精力、人力、物力，問題還是得不到解決。

能夠充分肯定自我，就等於已經成功了一半

一九六〇年，哈佛大學的羅森塔爾博士曾在加州一所學校做過一個著名的實驗。

新學年開始時，羅森塔爾博士讓校長把三位老師叫進辦公室，對他們說：「根據你們過去的教學表現，你們是本校最優秀的老師。因此，我們特意挑選了一百名全校最聰明的學生組成三個班讓你們教。這些學生的智商比其他孩子都高，希望你們能讓他們取得更好的成績。」

三位老師都高興地表示一定盡力。校長又叮囑他們，對待這些孩子要像平常一樣，不要讓孩子或孩子的家長知道他們是被特意挑選出來的，老師們都答應了。

一年之後，這三個班的學生成績果然排在整個學區的前面。這時，校長告訴了老師們真相：這些學生並不是刻意選出的最優秀的學生，只不過是隨機抽調的學生。老師們沒想到會是這樣，都認為自己的教學水平確實高。這時校長又告訴了他們另一個真相，那就是，他們也不是被特意挑選出的全校最優秀的老師，也不過是隨機抽調的老師罷了。

這個結果正是博士所料到的：這三位老師都認為自己是最優秀的，並且學生又都是高智商

的，因此對教學工作充滿了信心，工作自然非常賣力，結果當然肯定是會非常好的。

簡單道理

在做任何事情以前，如果能夠充分肯定自我，就等於已經成功了一半。當你面對挑戰時，不妨告訴自己：我就是最優秀的和最聰明的！那麼結果肯定是做得很棒。

只要一滴智慧，往往就可以成就一生

有一位青年在美國某石油公司工作，他所做的工作連小孩都能勝任，就是巡視並確認石油罐蓋有沒有自動焊接好。

石油罐在輸送帶上移動至旋轉台上，焊接劑便自動滴下，沿著蓋子回轉一周，作業就算結束。他每天如此，反覆好幾百次地注視著這種作業，枯燥無味，厭煩極了。他想創業，可是又無其他本事。他發現罐子旋轉一次，焊接劑滴落三十九滴，焊接工作便結束了。他心想，在這一連串的工作中，有沒有什麼可以改善的地方呢？一天，他突然想到：如果能將焊接劑減少一兩滴，是不是能節省點成本？

於是，他經過一番研究，終於研製出「三十七滴型」焊接機。但是，利用這種機器焊接出來的石油罐，偶爾會漏油並不理想。但他不灰心，又研製出「三十八滴型」焊接機。這次的發明非常完美，公司對他的評價很高。不久便生產出這種機器，改用新的焊接方式。雖然節省的只是一滴焊接劑，但這節省的一滴卻給公司帶來了每年五億美元的利潤。

這位青年，就是後來掌握全美製油業九五％實權的石油大王─洛克菲勒。

簡單道理

智慧的力量是無窮盡的，它可以創造財富，它可以使一個人成功。哪怕只是一滴智慧，如果運用正確，往往就可以成就一生。但智慧來自思考，所以，我們要養成勤於思考的好習慣。

求人不如求己，
靠自己才能拯救自己

信念是人生的支柱，失去它人生就會倒塌

一場突如其來的沙漠風暴，使一位旅行者迷失了前進方向。更可怕的是，旅行者裝水和乾糧的背包也被風暴捲走了。他翻遍身上所有的口袋，找到了一顆蘋果。「啊，我還有一顆蘋果！我靠它可以活著走出荒漠！」旅行者驚喜地叫著。

他緊握著那顆蘋果，獨自在沙漠中尋找出路。每當乾渴、饑餓、疲困襲來的時候，他都要看一看手中的蘋果，抿一抿乾裂的嘴唇，因此又會增添不少信念和力量。

一天過去了，兩天過去了，第三天，旅行者終於走出了沙漠。那個他始終未曾咬過一口的蘋果，早已乾扁得不成樣子，他卻寶貝似地一直緊攥在手裏。

再來看下面的這個故事。

在美國紐約，有一位年輕的警察叫亞瑟爾，在一次追捕行動中，他被歹徒用衝鋒槍射中左眼和右腿膝蓋。三個月後，當他從醫院裏出院時，完全變了個樣。一個曾經高大魁梧、雙目炯炯有神的英俊小伙子，現在已成了一個又跛又瞎的殘疾人。

紐約市政府和其他各種組織，授予了他許許多多勳章和錦旗。紐約有線電視台記者曾問他：「你以後將如何面對你現在遭受到的厄運呢？」他說：「我只知道歹徒現在還沒有被抓到，我要親手抓到他！」他那隻完好的眼睛裏，透射出一種令人顫慄的憤怒之光。

這以後，亞瑟爾不顧任何人的勸阻，參與了抓捕那個歹徒的行動。他幾乎跑遍了整個美國，甚至有一次為了一個微不足道的線索，獨自一人乘坐飛機去了歐洲。

九年後，那個歹徒終於在亞洲某個小國被抓了，當然，亞瑟爾起了非常關鍵的作用。在慶功會上，他再次成了英雄，許多媒體稱讚他是最堅強、最勇敢的人。

半年後，亞瑟爾卻在臥室裏割腕自殺了。在他的遺書中，人們讀到了他自殺的原因：「這些年來，讓我活下去的信念，就是抓捕到兇手……現在，傷害我的兇手被判刑了，我的仇恨也化解了，生存的信念也隨之消失了。面對自己的傷殘，我從來沒有這樣絕望過……」。

簡單道理

或許生命什麼都可以缺，譬如失去一隻眼睛，或者一條健全的腿，但就是不能失去信念。信念是支撐一個人活下去的支柱，有了這根支柱，在絕境中也能求得生存；失去了這根支柱，在順境中也會使生命凋零。

有時過於自信，容易導致疏忽大意

有這樣一個故事。

山洪暴發，洪水緊貼著獨木橋流過，不時有浪花濺到橋面上。有好心人在兩岸連起一條繩索，橫空掛在獨木橋上方。

四個人來到岸邊：一個盲人，一個聾啞人和兩個健康人，他們都要到對岸去。

聾啞人不言不語，邁步上橋，搖搖晃晃中到了對岸。一個健康人引導著盲人，小心翼翼地安全過了橋。

剩下一個健康人鬆了一口氣，面對洶湧的河水，他充滿自信地踏上了獨木橋，卻不幸中途滑落水中而淹死。

人們感到奇怪：為什麼盲人和聾啞人都能順利過橋，而那個耳聰目明的健康人卻落水了呢？

聾啞人比畫著表達自己的意思：我聽不見河水洶湧的濤聲，無形中少了許多顧慮，只要看準落腳點就行了。

盲人說：我根本就不知道河水有多大，在這位好心大哥的指引下，一步也沒有走錯。活著的健康人說：我走在盲人的前面，既要看好腳下的路，又要不時提醒身後的盲人，全身的精神都在獨木橋和繩索上，哪裡還有精力去考慮浪高濤急？

那位落水的健康人，是因為過於相信自己，導致了疏忽大意，一步走錯，落水而亡。

簡單道理

自信固然是種好心態，但在某些特定的情況下，過於自信就容易導致疏忽大意，我們都知道，「疏忽大意」通常將意味著什麼。有些事情的結局，並不在於身處環境的複雜與否，而只在於自己的心態。

經驗固然重要，但有時也會囚禁了自己

這是一個很有名的實驗：

在實驗室裏有五隻猴子，在猴子頭頂的天花板上放有一根香蕉，也安裝了一個自動噴水裝置，當猴子要拿香蕉時會自動噴水。

當第一隻猴子看到香蕉去拿時，所有的猴子被淋了個溼透。最後每隻猴子都試了一遍，結果一樣。所以猴子達成共識：香蕉不能拿，要不然會噴水。

最後把噴水裝置關了，然後從五隻猴子中抓走一隻換了一隻新的猴子，新的猴子看到了香蕉之後，想要去拿，結果，其他四隻猴子把這隻新的猴子揍了一頓，新的猴子試了幾次，每次都一樣挨打。所以這隻新的猴子得到一個教訓：拿香蕉要挨打！雖然不知道為什麼會挨打，反正香蕉是不能拿。

接著實驗人員再換一個新的猴子進去，新的猴子去拿香蕉的時候，同樣被其他的四隻猴子揍了一頓。

簡單道理

經驗，對於我們每個人來說都是重要的，都是一筆寶貴的財富，但有時固守某些經驗，就會被其囚禁了自己，因為經驗不一定都是正確的。我們要知道，正確的經驗有助於成功，而錯誤的經驗則會導致失敗。

一個人只喜歡聽奉承話，遲早會自食其惡果

虢國的國君只愛聽好話，聽不得反面的意見，因此他的身邊都是些阿諛奉承而不會治國的小人，有一天虢國終於亡國。那群誤國之臣也一個個作鳥獸散，國君僥倖地跟著一個車夫逃了出來。兩人逃到荒郊野外，國君又渴又餓垂頭喪氣，車夫趕緊送上水、肉脯和乾糧，讓國君吃喝。國君感到好奇，車夫哪來的這些食物呢？便問車夫：「你從哪裡弄來這些東西的？」車夫回答說：「我是專替大王您做的準備，以便在逃亡的路上好充饑、解渴呀」。國君不高興地又問：「你知道我會有逃亡的這一天嗎？」車夫回答說：「是的，我估計遲早會有這麼一天。」

國君不滿地說：「既然如此，為什麼不早點告訴我？」車夫說：「您只喜歡聽奉承的話，哪怕再有道理您也不愛聽，我要是給您提意見，說不定您會把我處死！」

國君聽到這裡，氣憤至極。車夫見狀，知道這個昏君死到臨頭還不知悔改。於是連忙謝罪說：「大王息怒，是我說錯了。」國君又問說：「你說，我為什麼會亡國而逃呢？」車夫只好改口說：「因為大王您太仁慈賢明了，其他所有的國君都不是好人，他們嫉妒您，才造成您逃亡在外的。」

國君聽了，心裏舒服極了，一邊坐靠在車前的橫木上，一邊喜孜孜地自言自語說：「唉！難道賢明的君主就該如此受苦嗎？」他頭腦裏一片昏昏沈沈，十分困頓地躺在車夫的腿睡著了。

車夫總算是徹底看清了這個昏庸無能的國君，失望之餘，他慢慢的從國君頭下將腿抽出悄然離開國君，頭也不回地走了。最後，這位亡國君死在了荒郊野外，被野獸吃掉了。

簡單道理

如果一個人只愛聽奉承話，卻聽不進批評意見，一味執迷不悟，一意孤行，那後果將是十分危險的。輕則招致小災禍，重則敗家甚至亡國。

阻礙我們去做的，往往是思想中的頑石

從前有一戶人家的菜園擺著一顆大石頭，寬度大約有四十公分，高度有十公分。到菜園的人，不小心就會踢到那一顆大石頭，不是跌倒就是擦傷。

兒子問：「爸爸，那顆討厭的石頭，為什麼不把它搬走？」

爸爸這麼回答：「你說那顆石頭？從你爺爺那個時代，就一直放到現在了，它的體積那麼大，不知道要挖到什麼時候，沒事無聊挖石頭，不如走路小心一點，還可以訓練你的反應能力。」

過了幾年，這顆大石頭留到下一代，當時的兒子娶了妻子，當了爸爸。

有一天妻子氣憤地說：「爸爸，菜園那顆大石頭，我越看越不順眼，改天請人搬走好了。」

爸爸回答說：「算了吧！那顆大石頭很重的，可以搬走的話在我小時候就搬走了，哪會讓它留到現在啊？」

妻子心底非常不是滋味，那顆大石頭不知道讓她跌倒多少次了。

有一天早上，妻子帶著鋤頭和一桶水，將整桶水倒在大石頭的四周。

十幾分鐘以後，妻子用鋤頭把大石頭四周的泥土挖鬆。

妻子早有心理準備，可能要挖一整天吧，但誰都沒有想到幾分鐘就把石頭挖起來，看看大小，這顆石頭沒有想像的那麼大，都是被那個巨大的外表矇騙了。

簡單道理

不是因為事情難我們不敢做，而是因為我們不敢做事情才難的。阻礙我們去發現、去創造的，往往是我們心理上的障礙和思想中的頑石。要想改變自己的世界，必須要先改變自己的心態。

面臨困境時，要看到其存在的正面價值

有一天，素有森林之王之稱的獅子，來到了天神面前：「我很感謝您賜給我如此雄壯威武的體格、如此強大無比的力氣，讓我有足夠的能力統治這整個森林。」

天神聽了，微笑地說：「這不是你今天來找我的目的，看起來你似乎是為了某事而困擾吧！」

獅子輕輕吼了一聲，說：「天神真是瞭解我啊！我今天來的確是有事相求。因為儘管我的能力再好，但是每天雞鳴的時候，我總是會被雞鳴聲給嚇醒。神啊！祈求您，再賜給我一個力量，讓我不再被雞鳴聲給嚇醒吧！」

天神笑著說：「你去找大象吧，牠會給你一個滿意的答覆的。」

獅子高興地跑到湖邊找大象，還沒見到大象，就聽到大象跺腳所發出的「砰砰」響聲。

獅子加速地跑向大象，卻看到大象正氣呼呼地直跺腳。

獅子問大象：「你為什麼發這麼大的脾氣？」

大象拚命搖晃著大耳朵，吼著說：「有隻討厭的蚊子，總想鑽進我的耳朵裏，害得我都快癢

死了。」

獅子離開了大象，心裏暗自想著：「原來體型這麼巨大的大象，還會怕那麼瘦小的蚊子，那我還有什麼好抱怨呢？畢竟雞鳴也不過一天一次，而蚊子卻是無時無刻地騷擾著大象。這樣想來，我可比他幸運多了。」

獅子一邊走，一邊回頭看著仍在跺腳的大象，心想：「天神要我來看看大象的情況，應該就是想告訴我，誰都會遇上麻煩事，而祂並沒有辦法幫助所有人。既然如此，那我只好靠自己了！反正以後只要雞鳴時，我就當作雞是在提醒我該起床了，如此一想，雞鳴聲對我還算是有益處呢！

簡單道理

在人生的路上，我們不可能每一步都走得那麼順利，遇到困境是件很正常的事。在困境中，抱怨是與事無補的，但應該知道，每個困境都有其存在的正面價值。只要看到這一點，即使在困境中，也能保持一份坦然。」

求人不如求己，靠自己才能拯救自己

某人在屋簷下躲雨，看見觀音正撐傘走過。

這人說：「觀音菩薩，普渡一下眾生吧，帶我一程如何？」

觀音說：「我在雨裏，你在簷下，而簷下無雨，你無需我渡。」

這人立刻跳出屋簷下，站在雨中：「現在我也在雨中，該救我了吧？」

觀音說：「你在雨中，我也在雨中，我不被淋，因為有傘，你被雨淋，因為無傘。所以不是我渡自己，是傘渡我。你要想渡，請找傘去！」說完便走了。

第二天，這人遇到了難事，便去廟裏求觀音。走進廟裏，才發現廟裏觀音相前也有一個人在拜，那個人長得和觀音一模一樣，絲毫不差。

這人問：「你是觀音嗎？」

那人答道：「我正是觀音。」

這人又問：「那你為什麼還要自己拜自己？」

觀音笑道：「我也遇到了難事，但我知道，求人不如求己。」

簡單道理

尋求別人的幫助，解決問題固然可以輕鬆一些，可是這畢竟並不是長久之計，因為別人可能幫你一時，但幫不了你一世。況且，求人也不是件很容易的事。所以，在遇到困難時，不要輕易的去求人，要知道，求人不如求己，靠自己才能拯救自己。

做事要用上所有的力量，包括別人的力量

星期六上午，一個小男孩在他的玩具沙箱裏玩耍。沙箱裏有他的一些玩具小汽車、敞篷車、塑膠水桶和一把亮晶晶的塑膠鏟子。在鬆軟的沙堆上修築公路和隧道時，他在沙箱的中央發現一塊巨大的岩石。

小傢伙開始挖掘岩石周圍的沙子，企圖把它從泥沙中弄出去。他是個很小的小男孩，而岩石卻相當巨大。手腳並用，似乎沒有費太大的力氣，岩石便被他連推帶滾地弄到了沙箱的邊緣。不過，這時他才發現，他無法把岩石再向上滾動、翻過沙箱邊牆。

小男孩下定決心，手推、肩擠、左搖右晃，一次又一次地向岩石發起衝擊，可是，每當他剛感覺取得了一些進展的時候，岩石便滑脫了，重新掉進沙箱。

小男孩只得哼哼直叫，拚出吃奶的力氣猛推猛擠。但是，他得到的唯一回報便是岩石再次滾落回來，砸傷了他的手指。

最後，他傷心地哭了起來。這整個過程，小男孩的父親從起居室的窗戶看得一清二楚。當淚

珠滾過孩子的臉龐時，父親來到了眼前。

父親的話溫和而堅定：「兒子，你為什麼不用上所有的力量呢？」

垂頭喪氣的小男孩抽泣說：「我已經用盡全力了，爸爸，我已經盡力了！我用盡了我所有的力量！」

「不對，兒子，」父親親切地糾正說，「你並沒有用盡你所有的力量，因為你沒有請求我的幫助。」

父親彎下腰，抱起岩石，將岩石搬出了沙箱。

簡單道理

無論做什麼事，都要用上所有的力量，這其中也包括別人的力量。雖說一個人做事要依靠自己的力量，但如果實在是力不從心的話，我們可以請求別人的幫助，這是靈活做事的一種方式。

要感謝對手和敵人，正是他們使你變得傑出

加拿大有一位長跑教練，以在很短時間內培養出了幾位長跑冠軍選手而聞名。然而，誰也沒有想到，他成功的秘密是因為有一個神奇的陪練，而這個陪練不是一個人，是一隻兇猛的狼！

他說他是這樣決定用狼做陪練的。因為他訓練隊員的專業是長跑，所以他一直要求他的隊員從家裏來時，一定不要藉助任何交通工具，必須自己一路跑來。他的一個隊員每一天都是最後一個來，而他的家還不是最遠的。他甚至都告訴他讓他改行去幹別的，不要在這裡浪費時間了。但是，突然有一天，他的這個隊員竟比其他人早到了二十分鐘，他知道他離家的時間，他算了一下，驚訝地發現這個隊員今天的速度幾乎可以超過世界記錄。他見到這個隊員的時候，他正氣喘呼呼地向他的隊友們描述著他今天的遭遇。

原來，他在離開家不久，經過一段有五公里的荒郊野地時，遇到了一隻野狼。那隻野狼在後面拚命地追趕他，他拚命地往前面跑，最後竟然把野狼給甩了。

教練明白了，這個隊員今天超常的成績是因為他有了一個可怕的敵人，這個敵人使他把自己

所有的潛能都發揮了出來。從此，他聘請了一個馴獸師，找來幾隻狼，每當訓練的時候，就把狼放開。沒有多久時間，他的隊員的成績都有了大幅度的提高。

俄羅斯的游泳運動一直處於領先地位。有人說，他們訓練的方法也有著神奇的秘密。一個到過俄羅斯的游泳訓練館的人驚奇地發現，俄羅斯人在游泳館裏養著很多鱷魚。

後來，他探詢到了這個秘密，在訓練的時候，隊員跳下水之後，教練就會把幾隻鱷魚放到游泳池裏。幾天沒有吃東西的鱷魚見到活生生的人，立即獸性大發，拚命追趕運動員。而運動員儘管知道鱷魚的大嘴已經被緊緊地纏住了，但看到鱷魚的凶相，還是自然反射的拚命往前游。

簡單道理

敵人和對手對抗的力量，會讓一個人發揮出巨大的潛能，創造出驚人的成績。不要詛咒可怕的敵人和對手，我們應該感謝他們，因為正是他們的存在，才使我們變得偉大和傑出。

國家圖書館出版品預行編目資料

精進 : 從平凡到卓越的簡單道理 / 沈東云著. --
初版. -- 臺北市 : 種籽文化, 2018.10
面 ; 公分

ISBN 978-986-96237-7-3(平裝)

1. 成功法

177.2 107016897

小草系列 20

精進:從平凡到卓越的簡單道理

作者/沈東云
發行人/鍾文宏
編輯/陳子文
美編/文荳設計
行政/陳金枝

出版者/種籽文化事業有限公司
出版登記/行政院新聞局局版北市業字第 1449 號
發行部/台北市虎林街 46 巷 35 號1樓
電話/ 02-27685812-3 傳真/ 02-27685811
e-mail / seed3@ms47.hinet.net

印刷/久裕印刷事業股份有限公司
製版/全印排版科技股份有限公司
總經銷/知遠文化事業有限公司
住址/新北市深坑區北深路 3 段 155 巷 25 號 5 樓
電話/ 02-26648800 傳真/ 02-26640490
網址:http://www.booknews.com.tw(博訊書網)

出版日期/ 2018 年 10 月　初版一刷
郵政劃撥/ 19221780 戶名:種籽文化事業有限公司
◎劃撥金額 900(含)元以上者,郵資免費。
◎劃撥金額 900 元以下者,若訂購一本請外加郵資 60 元;
劃撥二本以上,請外加 80 元

定價:260 元

種籽文化

種籽文化